Le goût du risque
à l'adolescence

Dr Xavier Pommereau

Le goût du risque à l'adolescence

Le comprendre et l'accompagner

Albin Michel

Avec la collaboration
de Christilla Pellé-Douël

À tous les jeunes
qui ont réussi la traversée de l'adolescence,
malgré les vents contraires et les mauvaises tempêtes.

À leurs parents
qui ont su les supporter dans tous les sens du terme.

Avant-propos

La vie est risquée, elle n'offre, on le sait, aucune garantie. L'humour noir en fait même « une maladie mortelle sexuellement transmissible[1] ». Vouloir mener une vie sans risque n'aurait aucun sens, ce qui ne revient pas à dire qu'il faut vivre dangereusement. Entre le fameux « risque zéro », dont tout le monde s'accorde à dire qu'il n'existe pas, et l'exposition à tous les dangers, il y a un espace d'évolution qui donne *le sel de la vie*. Il est non seulement impossible de tout prévoir, mais aliénant de prétendre vivre sans s'exposer. Un poème anglais court à ce sujet sur le Web et connaît un grand succès chez les jeunes. Souvent tronqué, remanié dans les blogs, victime de traductions plus ou moins fantaisistes, ce poème de William Arthur Ward s'intitule « To Risk »[2]. Le voici, traduit au plus près du texte originel :

1. « *Life is a sexually transmitted disease* », bon mot de l'auteur anglais Guy Bellamy, popularisé par Woody Allen.
2. Ward W.A., *Fountains of Faith*, Droke House, 1970.

« Rire, c'est risquer de paraître fou,
Pleurer, c'est risquer de paraître sentimental.
Tendre la main, c'est risquer de s'engager,
Montrer ses sentiments, c'est risquer de s'exposer.
Faire connaître ses idées, ses rêves, c'est risquer d'être rejeté.
Aimer, c'est risquer de ne pas être aimé en retour,
Vivre, c'est risquer de mourir,
Espérer, c'est risquer le désespoir,
Essayer, c'est risquer d'échouer.
Mais il faut prendre des risques
car le plus grand danger dans la vie,
C'est de ne rien risquer.
Celui qui ne risque rien, ne fait rien,
n'a rien, n'est rien.
Il peut éviter la douleur,
Mais il n'apprend rien, ne ressent rien,
ne peut ni changer ni évoluer.
Enchaîné à ses certitudes,
C'est un esclave qui a perdu toute liberté.
Seul celui qui risque est libre.
Le pessimiste se plaint du vent,
L'optimiste espère qu'il va changer,
Et le réaliste ajuste ses voiles. »

Si l'on admet que l'adolescence est, par définition, l'âge clé de la *construction identitaire*, avec l'exploration et l'engagement comme axes directeurs, et le désir enfin armé de s'ouvrir véritablement au monde, il n'est pas étonnant que ce poème ait un tel succès chez les ados. L'action, avant tout ! Des préparatifs peut-être, s'il en faut vraiment, mais pas de programme préétabli qui aurait des relents scolaires... De l'inattendu, de l'imprévisible... Se faire surprendre, quel plaisir juvénile ! Quant à l'excès de prévenance des parents, il est vécu comme un empêchement. Et les lendemains qui nécessiteraient de l'épargne, dans tous les sens du terme, représentent chez les plus jeunes un futur lointain qui équivaut presque à une autre vie. La prudence ? Elle est tellement recommandée qu'elle incite à l'audace. Comment, à l'âge des paradoxes, pourraient-ils se priver de la tentation des extrêmes et ne pas chercher à mieux se définir dans les contrastes ? Jouer à se faire peur, partager entre pairs le plaisir du frisson, mettre à l'épreuve leurs nouvelles aptitudes à l'action, se soumettre à des défis ayant valeur, à leurs yeux, de rites de passage, rechercher les sensations fortes pour se sentir vivre, s'exposer sciemment à un danger pour se prouver à eux-mêmes qu'ils sont *capables* (leurs aînés disaient « cap' »), et surtout le faire reconnaître par les pairs afin de se singulariser et être « populaires »...

Le goût du risque à l'adolescence est une forme d'appétit destiné à prendre ses distances et ses marques pour s'extraire de la dépendance infantile aux parents, avoir envie de faire ses propres expériences, faire des choix et adopter des positions personnelles, s'investir en tant que soi-même... en somme, « régler ses voiles » et, du même coup, son GPS existentiel. Parler d'identité qui s'affirme et qui s'ouvre, c'est admettre des écarts de conduite permettant à chaque ado de les mesurer, puis de « se synchroniser » (si l'on continue à filer la métaphore numérique) pour devenir un individu à part entière, *un et indivisible* comme l'exprime le latin *identitas*, « qualité de ce qui est le même ». Cette affirmation de *soi* ne peut s'effectuer seul. Elle se fait avec l'aide et l'appui du groupe des *semblables*, et ne doit surtout pas être confondue avec le repli identitaire du communautarisme – où l'expression a le sens négatif de fusion dans un groupe où tous partagent à l'identique les mêmes vues, pour s'exclure et rejeter les autres, au lieu de chercher à s'intégrer.

Mais le camp de base ou, si l'on préfère, le port d'attache d'où partent toutes ces explorations et où l'adolescent revient se ressourcer, se rassurer en retrouvant l'attention bienveillante des parents, reste le cadre familial. Si ces derniers ont à inviter périodiquement leur ado à *aller voir ailleurs s'il y est* pour qu'il en fasse l'expérience, ils doivent aussi l'accueillir à nouveau, ensuite, avec chaleur, pour lui montrer que la prise de distance ne rompt pas la permanence des liens. Cela l'aide à relativiser et à tirer les leçons de ses essais et de ses erreurs, lorsque ses « pas de côté » l'ont fait trébucher et risquer de tomber. Les positions et les repères que les parents fournissent lui permettent de s'y confronter et de trouver ses propres marques. Cet entre-deux est fondamental, car il représente la définition même de la *limite* – non pas une simple ligne de démarcation, mais un espace qui distingue les deux positions en vis-à-vis. Cet espace de « distinction », qui demande à être co-investi par les parents et l'adolescent, constitue une enveloppe protectrice qui contient, se déforme, résiste et évite les débordements de part et d'autre. Aux parents de se situer entre surprotection et absence laxiste, et de tolérer les écarts sans les confondre avec des velléités de rupture. À l'adolescent de leur montrer qu'il peut se détacher d'eux pour grandir, s'opposer à certaines de leurs vues pour se trouver… sans les renier ni prendre des risques excessifs pour y parvenir.

C'est à l'exploration de ces enjeux que je convie le lecteur, à la lumière des risques d'aujourd'hui qui ont notamment pour champs d'expérimentation le numérique et les écrans, la consommation de psychotropes, la sexualité et les fréquentations (virtuelles ou réelles), les peurs phobiques, l'impulsivité des réactions juvéniles, la peau comme surface de projection, le registre alimentaire et ses excès (par défaut ou dans l'outrance), ou encore, depuis peu, l'appel des sirènes du djihad… Je veux donner des clés aux parents, les aider à définir un cadre d'évolution propice à l'épanouissement des ados, sans être constamment sur leur dos. Les laisser prendre des risques, certes, mais assurer une contenance suffisante et surtout ne jamais les lâcher. Miser chaque fois que possible sur le dialogue clarifiant la position de chacun, plutôt que de *tout négocier* en transformant la relation en simple discussion de « partenaires ». Et ne pas hésiter à se faire aider, lorsque les signes inquiétants s'accumulent, et que les risques à visée de rupture prennent le pas sur les expériences d'ouverture au monde…

Puisse le lecteur apprendre dans ce livre à mieux décoder le comportement des ados – eux qui pratiquent à leur insu l'art de la métaphore, et qui « se disent » mieux en actes qu'en paroles. Intégrer pour cela qu'il convient de naviguer du sens propre au sens figuré (et vice-versa) pour en comprendre les enjeux, mettre des mots sur leurs agissements et y répondre de manière adaptée. En l'occurrence, pour ceux qui comme moi aiment la mer, savoir distinguer les simples déviations de route des dangereuses dérives.

1

Le voyage de Guillaume

Voici l'histoire de Guillaume, ado en terminale, plutôt bon élève et sans problème particulier. Après les vacances de Pâques, le lycéen annonce à ses parents atterrés qu'il ne passera pas son bac.

Pourquoi cette lubie subite, que rien ne laissait prévoir ? Le jeune homme s'avère incapable d'expliquer sa décision. « C'est comme ça ! » répète-t-il. Après des heures de discussions aussi explosives qu'infructueuses, les parents finissent par se rendre à l'évidence : Guillaume ne changera pas d'avis. Contraints et forcés, ils se résignent à accepter une année sabbatique pour le jeune homme, mais « après le bac ! ». Guillaume refuse. Il veut partir rapidement aux États-Unis, traverser le pays d'est en ouest. Les parents tombent des nues : d'où sort ce plan ? « C'est mon projet », répond le jeune homme. « Partir, ça m'aidera à savoir quoi faire après. »

Un défi peut en cacher un autre

Les parents obtiennent que Guillaume vienne en consultation au centre Abadie, munis de la secrète espérance que je puisse le convaincre de passer son bac. Très vite, je m'aperçois que ce garçon n'est pas prêt pour ce voyage. Trop immature, trop imprécis. Pourtant, je comprends que les contre-arguments du style « Faites mûrir ce projet, Guillaume » ou « Une fois le bac en poche, vous serez plus tranquille » ne serviraient qu'à faire alliance avec les parents, *contre lui.* Quant à lui dire que l'idée semble un peu farfelue, voire très bizarre à quelques encablures du bac, elle ne ferait que renforcer son sentiment d'incompréhension et son rejet des psys. Bref, je ne vois pas comment l'en dissuader. Les parents, de leur côté, ont visiblement atteint les limites de leur capacité de dialogue. Que proposer ? J'avoue que je suis en difficulté. Je leur demande une deuxième consultation, ce qui me donnera le temps d'y voir plus clair. Au moment de les quitter, une idée me traverse l'esprit : pourquoi ne pas tenter une forme d'aïkido[1] mental en recevant la force de l'adolescent plutôt que de s'y opposer ? Je leur lance : « Guillaume doit y venir muni d'une carte des États-Unis. » Un peu étonnés, ils prennent rendez-vous.

Arrive la nouvelle rencontre. Le père, loin de lâcher, manifeste une opposition encore plus ferme au projet de son fils, qu'il voit comme une aberration. Qu'est-ce que

1. Art martial japonais dans lequel le combattant utilise la force antagoniste de son adversaire.

c'est que ce caprice, alors qu'il y a le bac ? Il ne décolère pas. Pour cet homme, le ciel vient de s'effondrer ! Il vit comme un échec personnel que son fils abandonne ses études. Il a tout fait pour son éducation et le voilà qui piétine tout... Guillaume n'a rien préparé pour l'entrevue : pas une ville, pas un itinéraire n'apparaît sur la carte. Rien. L'adolescent est toujours aussi résolu, mais il semble incapable de se saisir de la réalité. Il vit un rêve éveillé. L'entretien est tendu. Je fais alors l'offre d'une troisième rencontre, afin de mettre concrètement sur pied ce voyage aux États-Unis. Ce jeune homme a besoin d'aller « voir là-bas s'il y est ». Et aucune de nos tentatives ne pourra modifier cette nécessité. D'emblée, lors de la troisième consultation, je demande aux parents s'ils seraient d'accord pour avancer le montant d'un billet aller-retour « open » et de trois jours de logement. J'insiste : il s'agit d'une avance. Il faudra que Guillaume travaille pour rembourser. Il désire partir ? D'accord ! Mais à lui d'en assumer la charge. Les parents acceptent : le départ, l'abandon du bac, le financement... C'est difficile pour eux, une véritable épreuve, mais ils se rangent à mon avis. On n'est jamais sûr de réussir à remporter un défi, mais on est toujours certain de le rater en ne le relevant pas.

Guillaume part, donc. Une fois sur place, le voilà loin de son fantasme. Et son regard change : la réalité le rattrape. Il découvre qu'il ne comprend pas bien l'anglais et passe les trois premiers jours sans oser sortir de son motel... Il crève de peur devant l'inconnu qu'il a tant désiré. Le voilà terrassé par une diarrhée qui le laisse épuisé. Il faut pourtant qu'il se bouge, car les parents n'ont assuré que trois jours d'hébergement. Il se lance, parcourt 25 miles, pas davantage. Épuisé, il entre dans une pizzeria, car il voit « *French fries* » marqué sur la devanture, et pense qu'on y parle français. Par le plus grand des hasards (mais le hasard existe-t-il ?), il se trouve que le restaurant est dirigé par des Italiens qui parlent la langue de Molière. C'est un havre ! Guillaume leur demande asile. Inquiet face au jeune Français perdu, le couple prend contact avec les parents. Un accord est passé : pendant dix jours, Guillaume fera la plonge, « pour prendre ses marques, avant de poursuivre sa route ». Mais le jeune homme ne poursuivra pas son périple : il rentre en France. Une expérience plutôt ratée, diriez-vous ? D'un point de vue adulte, sans doute. Mais Guillaume est ravi. Même si son voyage a été douloureux et limité, il a surmonté son inquiétude, et a pu affronter seul le monde. Son périple n'a duré que treize jours ? Un échec ? Au contraire ! Il a mené son défi jusqu'au bout. Par la confrontation avec lui-même, il a fini par se trouver, par découvrir qui il était : un garçon courageux, capable de se débrouiller seul. Il s'est rassuré sur ses capacités et peut désormais aborder ce qui lui faisait si peur : sortir de l'enfance et construire sa vie de futur adulte. Un an plus tard, il passe son bac et l'obtient.

Mémoires d'un psy voyageur

J'ai vibré à l'histoire de ce garçon, qui m'a tant rappelé la mienne ! L'année de mes 16 ans, j'ai agi de la même manière. Sans réfléchir, je me suis entendu dire à mon père : « Pour les prochaines vacances, je voudrais aller à Londres. » Je n'étais pas rebelle, je n'avais pas de projet fantasque et j'étais plutôt bon élève. Mon père ne pouvait imaginer un instant que cette idée soit la mienne. Et pour cause : pour toute représentation de l'Angleterre, je n'avais à l'esprit que les chapeaux hauts de forme, l'Union Jack et la reine... Mais Londres m'appelait et je ne savais pas pourquoi. Mon père ne comprenait pas d'où surgissait ce délire, pas plus que moi, d'ailleurs. Pourtant, il s'avéra impossible de m'en faire démordre. Mes parents, très intelligemment, m'ont fait raconter mon projet. Et finalement, ont donné leur accord. Surpris, j'étais au pied du mur : à moi de tout organiser. C'était là le premier défi à relever : en acceptant mon départ, mes parents me mettaient face à la réalité. Je devais sortir de ma bulle, au propre comme au figuré. Je voulais partir ? Eh bien j'étais pris au mot et en quelque sorte pris à mon propre piège. Plus de rêve, mais du vrai, du solide. Pour commencer, il me faudrait trouver un gîte où dormir... et je n'avais aucune idée de l'endroit où mes pas me conduiraient. Je m'émerveille, rétrospectivement, de la confiance et du respect dont mes parents ont fait preuve vis-à-vis de l'adolescent que j'étais. Pas de portable, pas de téléphone, seulement l'hypothèse d'un appel en PCV au cas où. Le silence pendant quelques jours. Il leur fallait une bonne dose de courage pour l'accepter. Il est vrai que le monde était différent, les relations entre adultes et enfants également. Nous étions moins couvés, plus autonomes (les adolescents quittaient la maison bien plus tôt qu'aujourd'hui) et confrontés plus directement à l'existence... Mais quand même ! J'ai reçu de quoi vivre pendant une dizaine de jours. À moi de gérer ce viatique de mon mieux (encore un apprentissage : comment gérer un budget).

Toute l'intelligence de leur démarche résidait dans ce geste : je partais, muni de quoi ne pas rester à la rue, et pour un temps limité. Le risque mesuré, le chemin escarpé mais balisé. Le matin du départ, à peine passé le coin de la rue, je me suis effondré en larmes. J'aurais voulu que mes parents me rattrapent, me demandent de revenir. J'aurais pu alors m'opposer, me rebeller. Mais non. Rien ! Je suis parti et je me suis retrouvé quelques heures plus tard dans l'hovercraft, puis dans le train jusqu'à Victoria Station. Un long trajet dans les années soixante-dix, dont je ne garde que des images confuses... Angoisse, quand tu nous tiens ! J'étais probablement dans le même état d'esprit que le jeune Guillaume : terrorisé devant mon audace et coincé, obligé d'aller jusqu'au bout. Arrivé à Londres, tétanisé, je suis parvenu à bégayer trois mots d'anglais, et à m'engouffrer dans le métro... sans parvenir à sortir de la Circle Line. Dans mon souvenir, j'ai fait plusieurs fois le tour de Londres. Où aller ? Aucune idée. Moi qui n'étais encore jamais parti seul de chez mes parents, voilà que je me retrouvais dans une ville étrangère, sans point de chute. Finalement, je suis sorti du métro, et en marchant dans les rues de Londres, je suis tombé devant une sorte d'auberge de jeunesse, tenue par une dame qui m'a pris sous sa protection, en toute illégalité, puisque l'établissement ne pouvait recevoir aucun jeune de moins de 18 ans. Je disposais d'une autorisation de sortie du territoire et de ma carte d'identité, cela lui a suffi. C'est l'une des plus belles expériences de ma vie. À 16 ans, je découvrais le Londres de 1969, au son de Jimi Hendrix, des Stones, ces étranges fumettes de calumet de la paix assis en tailleur sur un tapis, les filles avenantes libérées. Il faut imaginer cette explosion ! Au bout de quinze jours, je suis rentré en France, métamorphosé, beaucoup plus sûr de moi. J'avais accompli un exploit. Parti à la découverte de Londres, *c'est moi que j'avais trouvé* dans la capitale anglaise.

Les adolescents ont besoin de ces confrontations avec eux-mêmes, avec ce qu'ils sont. Il leur faut dessiner les contours de leur personnalité. Ils ne peuvent la deviner si les parents les définissent à leur place. Toute expérience au cours de laquelle ils affrontent le monde, bien sûr en s'assurant de leur sécurité, est bonne à prendre.

Les parents doivent accepter qu'un projet soit flou et un peu foutraque, cela fait partie du jeu. L'essentiel est d'encourager la mobilisation de l'ado, quitte à ce qu'il en découvre rapidement les limites. Aujourd'hui, trop de parents, angoissés et inquiets, veulent contrôler la vie de leurs enfants et tout connaître d'avance. Comme si en allant voir un film, on demandait qu'on nous raconte la fin de l'histoire : aucun intérêt. Un adolescent doit expérimenter, explorer, faire des essais et des erreurs. Oublier cette dimension de l'éducation, c'est refuser aux jeunes adultes en devenir la possibilité de grandir. Infantilisés, ils demeurent dépendants à jamais, incapables de prendre leur autonomie et accusés de ne pouvoir le faire ! Si l'on y réfléchit bien, Tanguy, le héros du film d'Étienne Chatiliez qui, à 28 ans, vit toujours chez papa-maman, n'est pas responsable de son incapacité à quitter le nid familial : ses parents l'ont maintenu dans un statut de bébé qu'il n'a pas eu les moyens psychiques de dépasser.

2

Qui ne risque rien n'a rien !

Le mot « risque » dérive du latin *resecare*, « enlever en coupant », à l'origine du verbe « réséquer » qui désigne en chirurgie l'opération consistant à séparer les aponévroses avec la lame d'un scalpel. Le verbe est issu du latin maritime ; il se rapporte à l'éperon rocheux qui affleure à la surface de l'eau et peut éventrer la coque d'un navire. Le meilleur synonyme de « risque » est donc « écueil ».

Peut-on imaginer une côte rocheuse sans écueils ? Impensable. L'adolescence est une traversée qui s'apparente à la navigation : nul ne peut grandir sans se risquer à approcher les rochers de la vie. Et l'envie d'aller s'y frotter pour se donner des frissons s'ajoute au besoin d'apprendre à les localiser et à les éviter. « Qui craint le danger ne doit pas aller en mer », dit à juste titre une expression ancienne. À charge pour nous, les adultes, de baliser les récifs et les hauts-fonds, les eaux troubles et les remous, d'indiquer les chenaux les plus sûrs, et d'accompagner les ados lorsque cela s'avère vraiment nécessaire pour qu'ils puissent aller les voir de plus près, sans danger. Mais attention : les parents seront toujours les plus mal placés pour offrir directement leur guidance, car le lien relationnel parents-enfants ne peut s'envisager, à l'adolescence, sans voir s'affronter des courants contraires – turbulences qui s'effaceront plus tard. Mieux vaut que d'autres adultes s'impliquent dans cette assistance, bien entendu avec l'accord et le soutien attentif des parents. Ce qui me conduit à formuler ce conseil : avec l'appui des oncles, tantes et amis proches, échangeons régulièrement nos ados pendant les vacances, pour contourner ces tensions tumultueuses. Les jeunes refusent souvent l'aide de leurs parents et se montrent désagréables avec eux, mais ils sont ouverts, aimables, prêts à apprendre et à échanger avec les adultes qui leur témoignent de l'intérêt. Hélène, la mère d'Adrien, 14 ans, en est convaincue. Son fils est revenu enchanté et en pleine forme d'un séjour d'une semaine chez son oncle. « Dès sa descente du train, Adrien m'a sauté au cou, ce qui n'était pas arrivé depuis longtemps, précise-t-elle. Puis il m'a montré sa blessure : une petite entaille au doigt, sans gravité. Il se l'était faite, paraît-il, en coupant le pain. Incroyable ! Il n'a jamais pris ce genre d'initiative à la maison. J'ai voulu en avoir le cœur net. Le soir, j'ai téléphoné à mon frère et je lui ai demandé de me dire la vérité : comment le séjour s'était passé ? "Formidable ! Adrien est un garçon formidable, vous avez beaucoup de chance ! Il met le couvert, débarrasse la table, demande à passer l'aspirateur..." Je suis restée sans voix, dit Hélène, et puis j'ai balbutié : "Merci, merci pour tout." »

Une navigation à l'estime

Insistons sur un point : que des adultes soient amenés à accompagner les jeunes navigateurs dans la traversée de l'adolescence ne signifie pas tenir la barre à leur place. Laissons-les prendre le gouvernail, en nous tenant à leurs côtés, et approcher l'écueil sans s'y précipiter.

Les éduquer et les aider, ce n'est pas non plus remplir leur barque à ras bord de livres et conseils de navigation, assortis des carnets de bord de vieux capitaines au long cours. Quelques-uns, oui, mais en sachant que du trop-plein au chavirement, il n'y a parfois qu'un pas. Une autre métaphore me vient à l'esprit : l'éducation ne doit pas être un gavage destiné à transmettre des connaissances et des valeurs à des jeunes qui devraient les absorber de force, car ils les rejetteraient, comme dans les crises de boulimie. Il faut laisser de la place à l'expérimentation personnelle, en compagnie des pairs, et sous la houlette d'adultes responsables. La vraie vie ne s'apprend pas seulement sur les bancs de l'école, mais en faisant du camping, de la voile, du chant ou de l'escalade, etc. Apprendre à se sortir d'un mauvais pas, reconnaître ses erreurs, mieux percevoir ses forces et ses faiblesses, en tirer des leçons, les transmettre aux autres – tels sont des principes clés que l'éducation doit soutenir.

La modernité nous incite à faire le contraire pour protéger nos enfants : les tenir éloignés des objets contondants, leur refuser toute prise d'initiative, déborder de conseils en tous genres sans discernement, sous prétexte de leur épargner des problèmes. Finies, les constructions de cabanes dans les arbres, les jeux et les allées et venues dans la rue, de peur qu'ils y croisent un dealer ou un pédophile ! Et même si nous sommes les premiers à répéter que *le risque zéro n'existe pas*, nous ne confions nos enfants aux éducateurs et adultes encadrants qu'en contrepartie de *l'assurance* – dans tous les sens du terme – que tout se passera sans anicroche. Du coup, nombre d'ados n'ont de cesse que d'agir dans notre dos et de se mettre en danger pour ressentir les grands frissons : accidents de la circulation, ivresses massives, défis hyperrisqués, etc. Lorsque les parents découvrent ces dérapages – parfois hélas très tard et de façon dramatique – ils sont désemparés, se sentent débordés et coupables de n'avoir rien vu. Certains peuvent même avoir le sentiment d'avoir été trahis sur les valeurs qu'ils se sont efforcés d'inculquer. Entre le « trop permissif » et le « rien tolérer », ils ne savent pas quoi faire. Je leur donnerai plus loin des pistes pour qu'ils aient, dans ces circonstances, des réponses adaptées. Mais l'essentiel est d'avoir en tête que prévenir est mieux que guérir.

Élever des ados, c'est les ouvrir au monde, leur donner envie d'aller voir les difficultés de plus près. Mais c'est aussi faire confiance à leur capacité de sentir le vent de l'iceberg, le tourbillon qui annonce le rocher, la déferlante qui signale le haut-fond. Pourquoi seraient-ils aveugles et sourds à ces indications de navigation ? L'apprenti-adolescent ne comprendra ce qu'est une déferlante que lorsqu'il aura vu la lumière changer sur la vague, et la couleur de l'eau passer du bleu au vert émeraude. C'est là une métaphore de l'existence, directement utilisable par les adolescents – eux qui, sans le savoir, transforment en attitudes et en actes des besoins fondamentaux que les adultes s'emploient à masquer.

Des métaphores qui parlent

En voici quelques illustrations. Dévorer la vie ? Les ados affamés le font sous nos yeux à grand renfort d'énormes sandwichs et kebabs à toute heure du jour. Savoir se tenir ? Ils montrent combien c'est une entreprise difficile entre l'enfance et l'âge adulte, à grands coups d'injures scatologiques et sexuelles qui pulsent à la moindre occasion. Nous interpeller sur la place que nous leur donnons ? Ils s'agglutinent bras dessus bras dessous devant leur collège pour « faire corps », assis par terre presque au milieu de la rue ou du trottoir, nous obligeant à les enjamber ou à les contourner en râlant. Ils font alors un bruit infernal, vocifèrent, éructent comme un bébé monstrueux en forme d'hydre[1] à plusieurs têtes, pour nous rappeler à nos responsabilités, puis prouvent leur force nouvelle en nous neutralisant à l'aide du « nuage commun » qu'ils exhalent, fumant sous nos narines choquées du tabac ou du cannabis. Qu'attendent-ils ? Que nous les prenions en considération, eux et leurs

1. Créature de la mythologie grecque décrite comme un monstre possédant plusieurs têtes, dont une immortelle. Celles-ci se régénèrent doublement lorsqu'elles sont tranchées, et l'haleine soufflée par les multiples gueules exhale un dangereux poison, même durant le sommeil du monstre.

besoins, et que nous les guidions sans les juger vers davantage de contenance, d'autonomie, de capacité à gérer leurs pulsions et leurs émotions. Les amener aussi à se respecter et à respecter les autres pour pouvoir s'intégrer au corps social. Comment ? En sachant leur proposer des activités *à forte valeur ajoutée métaphorique*, capables de les aider à se situer, à connaître leurs limites et celles des autres, à se confronter aux embûches jalonnant leur parcours de vie, à apprendre l'anticipation et à supporter le différé.

Qu'on ne se méprenne pas : il ne s'agit pas d'en venir à des affirmations simplistes selon lesquelles « les grandes privations et une bonne guerre » manqueraient à nos adolescents un peu perdus, ni d'approuver les méthodes (ré)éducatives maltraitantes des « *boot-camps*[1] » américains (éducation par la brimade et la douleur physique, à l'image de l'entraînement des GI's). Le respect de l'autorité y est confondu avec la soumission totale aux ordres hurlés, et le « redressement » consiste à transformer les stagiaires en automates conditionnés. Mais nous avons perdu de vue le besoin qu'ont tous les enfants du monde de se confronter à – un peu – des difficultés adaptées à leurs possibilités. En voulant leur offrir le meilleur et leur épargner la douleur, nous avons oublié à quel point il est indispensable de les aider à développer leurs capacités à l'effort, tout simplement parce que cela leur sera indispensable pour affronter leur vie future. Sans effort, rien n'est possible, dans aucun domaine, de l'accouchement d'un bébé à l'émergence d'idées nouvelles,

1. Entraînement commando, *boot* désignant les jeunes recrues de la marine américaine.

en passant par l'éclosion des compétences… Ceux qui pensent pouvoir s'y soustraire grâce à leurs facilités doivent savoir qu'à l'instar du muscle demandant de l'entraînement pour améliorer ses performances, le cerveau a besoin d'exercices pour optimiser ses facultés et son efficience. Développer la mémoire en l'entraînant, affûter les perceptions sensorielles et le sens critique, apprendre à en tirer des leçons (physiques et psychiques), devraient, en toute logique, figurer en première ligne des missions de l'éducation. C'est dans les microdétails, dans l'observation des phénomènes de la nature et en s'y confrontant que chacun apprend à regarder, à analyser et à agir en conséquence, plutôt que de se laisser aller à la seule improvisation. Le recours à ces principes et l'expérience fournissent un « outillage » utilisable face aux difficultés de l'existence, qu'il s'agisse pour les ados de leurs relations familiales, de leurs angoisses existentielles ou des efforts à consentir pour l'apprentissage des connaissances. Comment savoir qu'une épreuve d'examen peut s'escalader et se franchir, tout comme une paroi rocheuse, si l'on n'a jamais été auparavant confronté à une situation physiquement comparable, accomplie avec succès ?

Les camps d'été pour ados, bien encadrés, peuvent à cet égard se révéler très utiles. Et même si le mouvement du scoutisme a pu être décrié pour certaines de ses dérives, la plupart des adultes qui en ont fait l'expérience dans leur jeunesse en gardent d'excellents souvenirs. Ils disent y avoir appris quantité de choses – des plus matérielles aux plus intellectuelles, en harmonie avec la nature. Si l'on excepte sa dimension religieuse ou spirituelle, peut-on contester au scoutisme l'apprentissage de valeurs fortes, telles que la solidarité, l'entraide et le respect ?

Des ados en quête de rites

Nous avons perdu ces notions essentielles, qui balisaient la vie des générations précédentes, qui balisent encore celle d'autres civilisations : le passage de l'enfance à l'âge adulte *doit être symboliquement marqué* par des épreuves organisées par la communauté des adultes, sous la forme de rites initiatiques. Ceux-ci ont pour objectifs d'amener les jeunes impétrants à supporter la douleur physique (dans une certaine mesure, bien sûr), à être confrontés à des risques (calculés), à contenir leur peur de la mort au cours de défis sciemment « psychodramatisés » – donc à se montrer prêts à devenir « grands », capables de faire face à la dureté de la vie et de s'intégrer dans le corps groupal des adultes responsables. Aujourd'hui, notre société a édulcoré cette notion de passage : trop de violences, la « lutte contre la douleur » comme principe polyvalent intangible, toute forme de sélection vite suspectée de discrimination… Elle a réduit les rites d'initiation à leur plus simple expression, à savoir l'obtention du BAFA, du bac et du permis de conduire. Ajoutons la « journée défense et citoyenneté » (JDC), anciennement « journée d'appel de préparation à la défense ». Mais quelle valeur réelle ont ces quelques heures au cours desquelles les ados de 17 ans disent s'ennuyer à remplir des questionnaires ? J'ai déjà suggéré, hélas sans succès, à nos autorités, que l'été de leurs 17 ans, tous les jeunes Français puissent donner *gratui-*

tement dix à quinze jours à l'État pour rendre un mini-service civique auprès des maisons de retraite, des hôpitaux, des gares, des centres d'hébergement, etc., afin d'y assurer aide et assistance aux personnes qui en auraient besoin. Une fois réalisé, ce stage validerait une *unité de valeur* nécessaire aux examens ou orientations professionnelles ultérieures. Ni travail ni bénévolat, un véritable rite d'intégration au corps social. Les jeunes que j'ai interrogés à ce sujet y seraient prêts… à condition qu'aucun d'entre eux n'en soit dispensé, quelle que soit sa condition.

Au lieu de cela, notre société de consommation ne perd pas le sens de ses intérêts mercantiles, et brouille la lisière entre enfance, adolescence et âge adulte, puisque les usages, les accès et nombre de pratiques sont encouragés à devenir intergénérationnels (look, accessoires, fast-food, outils numériques, etc.).

Comment parvenir à se débrouiller sans codes ? Les ados ont trouvé la réponse : si les adultes n'ont rien de mieux à leur proposer pour marquer la traversée de l'adolescence, eux créent leurs propres rites qui sont des *rites de consommation* émaillant les années collège : fast-food, tabac, alcool, cannabis… Et en guise d'épreuves d'intégration, les dérapages du bizutage et des défis stupides sous l'emprise d'alcoolisations massives.

Quel cheminement étrange nous a conduits à oublier qu'il n'y a pas d'apprentissage sans expérimentation, et que vouloir du bien à nos enfants, ce n'est pas les tenir à l'écart de toute pratique jugée dangereuse ? Où et comment avons-nous perdu cette volonté de transmettre les codes et le sens de l'engagement philanthropique ? Il est vrai que cette situation se constate surtout dans les pays occidentaux, démocratiques et à économie libérale. C'est-à-dire dans les sociétés où l'avoir a remplacé l'être, où l'enfant-roi est un « bien » rare et sacré *que l'on ne cesse de vouloir épargner* et où, grâce au confort matériel jusque-là inconnu dans toute l'histoire de l'humanité, toute notion de danger est désormais vécue, *à nos portes*, comme insupportable. Nous y placardons avertissements divers et mises en garde sévères contre toutes formes de risque, tout en déplorant le manque d'initiative de nos jeunes et leur peu d'enthousiasme pour ce que nous mettons à leur disposition. Cela se niche dans les moindres recoins de notre vie. Au lycée, en biologie, par exemple, on ne fait plus ou l'on fait moins d'expériences, parce que tout risque doit être écarté des manipulations et qu'un bec Bunsen, c'est dangereux… En effet, le tube à essai peut exploser. C'est vrai. Mais on oublie que le professeur est en charge de ses élèves, et qu'il est justement là pour stipuler les précautions à prendre (lunettes de protection, blouses en coton…), expliquer les réactions et pourquoi il faut s'en méfier, à même la paillasse de la salle de TP, montrer ce qu'il convient de faire, etc. Comment les enfants pourront-ils affronter des situations réellement menaçantes, s'ils n'ont pas appris à développer réflexion et prudence ? Or, au lieu de valoriser l'expérience placée sous l'autorité d'instructeurs ayant envie de faire partager leur savoir, qu'a-t-on décidé ? De réduire drastiquement ou de retirer les *travaux pratiques* des collèges et des lycées, par souci d'économie et sans doute volonté de garantir la protection des élèves. Cette décision est une aberration sur le plan psychologique. Pour apprendre, *il faut mettre la main à la pâte* – au sens propre comme au figuré. Faire des essais et des erreurs, les corriger, permet précisément de mieux « appréhender » les enjeux de la tâche, d'en tirer des leçons (qui dépassent souvent la seule observation concrète), d'en imaginer les applications et, ce faisant, de renforcer son estime de soi. À condition que l'élève ou l'apprenti puisse trouver en son « maître » le plaisir de réaliser la tâche et de la transmettre, l'encouragement à le faire, et surtout la valorisation de l'effort accompli même si le résultat n'est pas (encore) à la hauteur espérée.

Ne leur mâchons pas le travail et acceptons que nos jeunes *prennent le risque de rater* pour mieux refaire puis réussir ce qu'ils entreprennent. Nous devons les inciter à découvrir, innover, faire fonctionner leur capacité de raisonnement et d'invention. Buter sur des obstacles, apprendre à les contourner. À l'heure où les établissements scolaires se dotent de matériels informatiques performants et, pour certains, équipent chaque élève d'une tablette numérique, gardons à l'esprit que l'outil ne peut se suffire à lui-même. La transmission des connaissances doit, certes, s'appuyer sur l'outil, mais elle n'est efficace et constructive que si elle est prise dans l'épaisseur de la relation humaine profs-élèves que rien ne peut remplacer. Il est évidemment attendu que les ados partent chercher sur Internet les devoirs corrigés pour faire ceux qu'on leur donne en classe, et qu'ils espèrent obtenir ainsi de bons résultats à moindre effort. Cette tentation est normale. Mais les enseignants doivent précisément le savoir et amener leurs élèves à travailler sur les synthèses, les mots-clés, se poser des questions auxquelles aucun serveur ne peut répondre sommairement, avant de les inviter à aller compléter leurs réflexions et leurs recherches sur le Web. Les NTIC[1] sont des pioches, pas le terrain à piocher. Je profite de l'occasion pour faire une nouvelle suggestion : introduire au collège une matière appelée « critique numérique » qui permettrait d'apprendre à analyser les images et les infos circulant sur Internet.

Limiter n'est pas bloquer

Avoir peur que nos ados prennent des risques soulève une autre contradiction sociétale, celle de considérer la notion de limite comme un empêchement, un blocage à dépasser. « Sortez des sentiers battus », « voyagez sans limites », « prenez un forfait illimité », etc., toutes les invites publicitaires nous exhortent à *franchir le pas*… mais de l'écart à la rupture, il y a parfois, comme nous le verrons, le *pas de trop* – celui qu'il aurait mieux valu s'abstenir de faire. La limite est un repère nécessaire. Le latin *limes, limitis* la désigne comme une bande de territoire séparant deux territoires contigus, un entre-deux qui n'appartient à personne, où les voisins se rencontrent, précisent leurs frontières réciproques et, ce faisant, se manifestent un respect mutuel. Enlevons l'entre-deux, et ils s'écharperont, l'un et l'autre se disputant le bornage de leur territoire, voire n'auront de cesse que de spolier le voisin. Établissons un mur pour les séparer, et nous observerons ce que la géopolitique nous donne à voir :

1. Nouvelles technologies de l'information et de la communication.

une incompréhension mutuelle, puisque *l'on ne parle pas à un mur.*

Entre adultes et ados, fixer des limites consiste donc à déterminer où se trouvent les entre-deux. Aux adultes en charge des jeunes de définir un cadre d'évolution supportable mais suffisamment contenant, propice à leur épanouissement, définissant ce qui est négociable et ce qui ne l'est pas. Aux ados de faire état de leurs impérieux besoins de prise de distance (ni trop près, ni trop loin), ainsi que des libertés qu'ils aimeraient pouvoir négocier. Du côté des premiers, une position démissionnaire sur l'air de « Fais ce que tu veux » serait vécue comme un abandon, tandis qu'une rigidité excessive répétant « Fais pas ci, fais pas ça » bloquerait tout dialogue. Du côté des seconds, le « Lâche-moi » ou le « Arrêtez d'être sur nous » exprime la nécessité de se sentir exister en tant qu'eux-mêmes, reconnus à la fois comme distincts, aptes à prendre des initiatives et à progressivement s'autonomiser.

3

Aux risques de la com

Les Anglo-Saxons disent des adolescents que ce sont des *digital natives*, car ils sont nés avec la révolution numérique. Enfants de l'image, « digitaux » – c'est le cas de le dire – jusqu'au bout des doigts, ils sont connectés en permanence grâce aux NTIC – ces *nouvelles technologies de l'information et de la communication* qu'ils maîtrisent à la perfection. Et puisqu'ils savent si bien « se produire » pour s'affirmer et être populaires, je les appelle les « ados.com [1] ». Ils disposent d'appareils de pointe, souvent plus performants que ceux de leurs parents. Surtout des smartphones dernier cri et des tablettes. À la maison, ils dédaignent « l'ordi familial, complètement à la ramasse » et rêvent de se faire acheter – en échange du bac ou pour Noël – « l'ordi à 1 500 euros », afin de télécharger en toute illégalité les films et les séries dont ils raffolent. De quoi ont-ils peur, eux, au juste ? Sûrement pas du pédophile déguisé en ado qu'ils croient pouvoir démasquer facilement, ni de l'extrémiste sectaire ou

1. Pommereau X., *Nos ados.com en images. Comment les soigner*, Paris, Odile Jacob, 2011.

djihadiste dont ils pensent pouvoir repousser les « offres » sans difficulté. Et lorsque la banale rue leur est interdite sous prétexte d'éviter qu'ils y fassent de mauvaises rencontres, ils empruntent allègrement les boulevards du Net pour se donner des frissons et se faire des frayeurs, convaincus qu'ils sauront « gérer » la situation.

Où est le problème ?

Pour la plupart d'entre eux, les écueils du cyber-risque se limitent à l'objet numérique lui-même. En premier lieu, les problèmes de connexion peuvent leur prendre la tête, car ils ont besoin d'un haut débit de transmission. Les « galères » s'appellent manque de réseau, bugs des programmes, versions obsolètes, ou lenteur d'exécution, avec le fameux « ça rame » au moindre délai de fonctionnement. Hormis ces soucis techniques, les mésaventures que craignent les ados.com concernent le devenir du téléphone portable lui-même. Se le faire voler est un classique chez ceux qui le laissent un peu trop en évidence, posé à côté d'eux dans leur sac ouvert ou dépassant de leur poche arrière, dans le bus bondé ou, plus souvent, lors d'une soirée très arrosée. Ils peuvent se faire racketter, notamment lorsqu'ils sont très éméchés et qu'ils se font rançonner à la sortie des discothèques par des voyous bien organisés, à l'instar des bandits de grands chemins de jadis. Ils sont également les proies naïves des « pirates de soirée » – ces jeunes qui s'invitent à une fête vers minuit, à l'heure où tous les chats sont gris, pour « faire » tranquillement les poches du vestiaire. Les ados.com égarent beaucoup plus rarement leur smartphone, car ils y tiennent comme à la prunelle de leurs yeux. « J'ai raconté à mon père que je l'avais perdu en allant à l'anniversaire de ma meilleure amie, reconnaît Manon, 17 ans. En fait, je me le suis fait tirer pendant que j'avais la gerbe[1] aux toilettes, j'avais beaucoup trop bu, des pourris en ont profité. Mais si j'avais dit ça, bonjour les sorties ! Là, il va falloir que je gère pour en avoir un autre. Je vais sûrement taxer Mamie et taper dans mes économies. Celui que je veux, sans le forfait, il est dans les 600 euros… »

Paradoxalement, il est fréquent qu'ils cassent leur mobile, bien qu'il soit l'objet de toute leur attention, en le faisant tomber ou lors d'un choc, par exemple en skate. Les écrans fêlés à changer à moindre coût représentent un petit commerce très lucratif pour certains réparateurs avisés. Pourtant conscients de ce risque, certains ados n'hésitent pas à retirer la coque de protection de leur appareil pour le rendre plus esthétique ; ainsi, ils l'enlèvent avant une soirée pour que le profil du portable soit aussi mince que l'affichage de leur silhouette filiforme l'exige. Ceux-là préfèrent miser sur l'apparence, tandis que d'autres, prétendument très attentionnés pour leur smartphone – à l'image de Valériane, 15 ans, déclarant : « C'est mon bébé, j'y fais hyper gaffe » – semblent *casser leur jouet* avec cette même inadvertance troublante que celle qu'ils avaient petits, en réponse à des manques ou à des frustrations. Reste la terrible noyade accidentelle du portable lorsqu'il tombe dans les toilettes, dans le bol du petit déjeuner ou dans la piscine, tuant la

1. Vomir.

plupart du temps le cœur numérique du smartphone, malgré les manœuvres de « réanimation » entreprises (retrait immédiat de la batterie, séchage, placement de l'appareil dans un bol de riz non cuit qui absorbe l'eau...).

Compte tenu de tous ces risques festifs, les parents doivent-ils conseiller à l'ado de partir en soirée *sans son portable* ? Cette hypothèse est peu réaliste, car il faudrait l'équiper d'un second smartphone dit « de sortie », tant leur anxiété les oblige à rester connectés avec lui. Nombre de parents demandent en effet à leur ado d'envoyer un message au cours de la soirée, pour dire si tout se passe bien, et pour donner une heure afin que maman ou papa-taxi vienne le chercher. Et de toute façon, la plupart des jeunes ne voudront pas sortir sans leur portable, car eux aussi ont besoin de rester joignables, en l'occurrence par leurs pairs : assez souvent, le lieu de la fête change au dernier moment, un(e) ami(e) peut vouloir les rejoindre, la fonction GPS leur est nécessaire pour « tracer » dans la jungle urbaine, et ils se sentent plus en sécurité, munis de leur smartphone. Pour toutes ces raisons, une de leurs craintes est d'ailleurs que la batterie soit à plat et qu'ils n'aient aucun moyen de la recharger lorsqu'ils déambulent dans les rues jusqu'au bout de la nuit.

Bien qu'ils disposent d'appareils *sans fil*, nos ados.com sont donc bel et bien équipés d'un solide fil à la patte. Et c'est sans doute mieux ainsi. On ne compte plus les histoires qui auraient pu nuitamment mal tourner si les jeunes n'avaient pas eu la possibilité de joindre leurs parents, leurs amis, le Samu ou la police. Agressions, comas éthyliques, accidents, empêchements de rentrer faute de moyen de transport, etc., sont autant d'événements qui ponctuent les soirées agitées du week-end.

Espaces intimes à respecter

Une mise en garde s'impose en direction des parents : si la *traçabilité* est un acquis de la modernité concernant l'agroalimentaire et les biens marchands, vouloir suivre les déplacements de l'ado en l'obligeant à rester géolocalisable est une atteinte aux principes de confiance et de respect de l'intimité. La plupart des parents savent aujourd'hui qu'ils doivent se retenir de fouiller la chambre de l'ado à son insu. Le mode d'habitat qui caractérise notre société en fait *son espace privé* qu'il investit très tôt comme un *intérieur* dans tous les sens du terme. L'ébullition adolescente le conduit à y entasser pêle-mêle ses affaires personnelles – les unes rangées, les autres en grand désordre. Le tout constitue à la fois un cocon protecteur et une projection matérialisée de ses pensées et de ses affres les plus inavouées. Eh bien les parents doivent également respecter l'intimité du portable de l'ado qui est devenu, révolution numérique oblige, sa *mémoire externalisée ambulante* contenant le « petit monde » de ses pairs. Il est frappant de constater que dans ce boîtier minuscule, il transporte constamment sur lui des millions de gigaoctets supportant le poids des mots et surtout celui des photos issus des échanges insignifiants ou importants, positifs ou négatifs, qu'il entretient – parallèlement au monde des adultes – avec ses semblables.

À l'instar de la fouille de sa chambre pour y chercher des substances interdites, le tenir en « laisse virtuelle », exiger ses codes d'accès, lire ses messages, contrôler ses contacts, pénétrer sans le lui dire ses réseaux sociaux, constituent des violations territoriales qui révoltent l'ado et l'amènent, non seulement à mentir et à dissimuler, mais aussi à enfreindre encore un peu plus les règles, par esprit de rébellion. L'ambiance que suscite l'espionnage parental conduit même certains ados à retirer la carte SIM de leur portable, comme des agents secrets patentés, lorsqu'ils ne veulent pas être repérés.

Que doivent donc faire les parents lorsqu'ils suspectent des échanges et trafics illicites ou dangereux ? Faire part ouvertement de leur inquiétude, montrer qu'ils ne sont pas nés de la dernière pluie, indiquer clairement les raisons qui les amènent à se poser des questions, mais ne pas se comporter comme des policiers ou des douaniers, qu'il s'agisse de la chambre ou du portable de leur ado. Suspicion ou pas, il est en revanche impératif qu'ils insistent pour que ce dernier *mette de l'ordre dans ses affaires*, au sens propre et au figuré, et qu'ils fassent respecter cette règle essentielle : *la nuit, les portables dorment aussi*. Les tablettes et les ordinateurs, idem.

Sommeil à protéger

« Extinction des feux » à 22 h 30 ou 23 heures au plus tard. La mesure est facilement acceptée chez les moins de 15 ans. Elle est (un peu) plus compliquée à mettre en place chez les 16-17 ans, et exige des explications, neurosciences à l'appui. Elle est par contre quasiment impossible à faire respecter à partir de 18 ans. Pour les plus jeunes, il s'agit cependant d'une contenance parentale indispensable qui, en semaine, doit être non négociable, et qui sera d'autant mieux acceptée qu'elle sera appliquée par toute la famille, sauf si des obligations professionnelles exigent le contraire. Car le matin, les horaires scolaires, eux, n'ont pas changé. Il faut être « sur le pont » du collège ou du lycée à 8 heures, et avant cela prendre un bus, un TER, un métro ou un tram, avec souvent une heure de transport. Et donc obligatoirement se lever encore une heure avant pour se préparer lorsque, chez les filles à cheveux longs, c'est le jour de lissage (3/4 d'heure), auquel s'ajoute un temps minimal de maquillage (1/4 d'heure) qui fait souvent sauter le petit déjeuner – obsession de la ligne oblige. En plus de la cyberaddiction dont nous parlerons plus loin, voilà deux conséquences inquiétantes de la révolution numérique sur les rythmes de la vie quotidienne : d'une part, *les temps de repas sont perturbés en quantité et en qualité*, du fait de l'importance croissante que prend cet autre mode d'absorption et de consommation, en l'occurrence virtuel, qui a pour corollaire une sédentarité accrue et des conduites de grignotage favorisant le surpoids ou suscitant des contre-attitudes de contrôle (restrictions, suppression des repas, vomissements provoqués, etc.) ; d'autre part, *le temps de sommeil des ados se réduit comme peau de chagrin*, ce qui augmente leur nervosité et diminue leurs capacités d'attention. La fameuse « lumière bleue » émise par les écrans provoque une excitation cérébrale qui retarde l'endormissement. Une étude récente[1] menée auprès de 10 000 jeunes Norvégiens âgés de 16 à 19 ans montre en particulier que les adolescents qui sont restés devant un écran plus de quatre heures par jour, en dehors du temps scolaire, augmentent de 49 % le risque de mettre plus d'une heure à s'endormir. C'est surtout le soir que les ados « se parlent » – entendons qu'ils communiquent oralement ou par écrit, avec à l'appui ou en remplacement de leurs dires des sons et des images constituant une véritable *langue audiovisuelle*, faite de l'association de mots parlés ou « textotés », d'émoticônes ravageuses, de clichés pris sur le vif et de vidéos *live*. Les ados.com cherchent en effet à être connectés nuit et jour pour que rien ne leur échappe concernant la vie de leurs amis ou de leurs « contacts ». Facebook, Snapchat, Instagram, etc., sont leurs applications préférées en la matière. C'est également le soir qu'ils se détendent en regardant des séries dévorées en streaming par pans de « saisons »[2] entiers, tout en chattant simultanément avec leurs amis. Lorsqu'ils s'apprêtent enfin à plonger dans les bras de Morphée, ils prétendent avoir besoin de s'endormir en musique avec leur smartphone et disent vouloir se lever le matin grâce à sa fonction alarme. Il convient de les en dissuader et de leur offrir à la place un réveille-matin mécanique, un remplacement fort utile et très *vintage*. Plusieurs raisons supplémentaires à cela. Connectés la nuit, ils resteraient trop souvent dispo-

1. Mari Hysing *et al.*, « Sleep and use of electronic devices in adolescence : results from a large population-based study », *British Medical Journal Open*, 5, 2015.

2. Ensemble d'épisodes d'une série.

nibles aux alertes d'un(e) ami(e) en crise ou en difficulté sentimentale. Comment résister à un message nocturne du style « J'ai cassé avec Romain », lorsqu'on est la meilleure amie d'une jeune fille qui vient de rompre avec son petit copain ? Un échange survolté à ce sujet risque de les conduire à une heure avancée de la nuit. D'autre part, après avoir subi la lumière bleutée des écrans, un autre sens demeure actif chez les ados.com voulant s'endormir en musique avec des écouteurs dans les oreilles : la perception auditive reste hyperstimulée alors que le cerveau doit se reposer. Cette saturation sonore est d'autant plus problématique qu'au cours de la journée, les ados portent un casque audio ou des écouteurs pendant plusieurs heures pour écouter de la musique trop fort et trop longtemps (la durée multipliant l'effet décibels), afin de se constituer une *bulle musicale isolante* en de nombreuses circonstances : attente d'un moyen de transport ou d'une rencontre, déplacements à pied, en rollers, en vélo, en scooter, etc. Aux risques d'acouphènes et d'atteinte grave de l'audition auxquels s'exposent les « accros au casque audio » s'ajoutent d'ailleurs – en journée, chez les plus addicts – les dangers de circuler inattentifs et sourds au trafic urbain. Soulignons à ce sujet qu'au cours de la dernière décennie, le nombre d'accidents graves chez les jeunes piétons se déplaçant avec des écouteurs ou un casque audio aux oreilles a triplé. Depuis l'été dernier, les conducteurs de véhicules n'ont plus le droit de circuler ainsi équipés[1].

1. Depuis le 1er juillet 2015, le port d'écouteurs, oreillettes ou casques audio est interdit chez les usagers de la route circulant avec un

L'outil numérique et le look

Virtuoses du clic et du double-clic depuis leur plus tendre enfance, les ados sont passés maîtres en « digitalité » tactile, inversant pour la première fois dans l'histoire de l'humanité *l'ordre éducatif* voulant que les anciens apprennent aux jeunes les différents usages d'un outil. Aujourd'hui, ce sont les jeunes qui savent intuitivement s'en servir et qui peuvent apprendre aux adultes à mieux en comprendre les usages. C'est ainsi. Ne soyons donc pas stupides. Au lieu de camper sur des positions rétrogrades en déclarant que « tout ça est nul » et en fustigeant le progrès des techniques, laissons-les nous expliquer les secrets des NTIC qu'ils maîtrisent, pour apprendre à nous adapter au monde moderne. Cette attitude nous sera non seulement utile, mais elle les valorisera. Les ados.com aiment que les adultes s'intéressent à ce qu'ils investissent. En revanche, sachons leur démontrer que les pioches affûtées que sont les outils numériques ne servent à rien *si l'on ne sait ni où piocher ni ce que l'on cherche.*

À nous de leur apprendre le bon choix des mots-clés, la critique des images, les arcanes et les impasses du Web. À nous également de les amener à tolérer le différé, à supporter l'effort et à en comprendre l'intérêt. À nous enfin de les reconnaître à leur juste valeur et, ainsi, de les rassurer sur leur place, pour qu'ils ne se laissent pas totalement absorber par l'affichage égocentrique de leur apparence. Ils s'autopro-

---

volant (poids lourds, voiture) ou un guidon (moto, scooter, cyclomoteur, vélo).

duisent en effet pour définir leur identité à travers ce qu'ils donnent à voir, et consacrent beaucoup de temps à un véritable travail de mise en valeur personnelle : sur eux, ils brillent des feux des marques vestimentaires coûteuses qui signent le *look* comme seconde peau, éventuellement assorties aux marques de la peau elle-même (piercings, tatouages, scarifications) ; sur les écrans, ils se transforment en *stars* à l'aide des clichés de « soi par soi » (selfies), alimentant les réseaux sociaux, seuls ou en compagnie de leurs semblables, ainsi que des vidéos autopromotionnelles. La vraie nouveauté depuis dix ans est sans aucun doute l'importance en temps et en énergie que consacrent les ados.com à leur apparence.

Le règne du paraître les oblige à adopter un *rôle de composition* – ce que le *Petit Larousse* définit très précisément comme « *la représentation par un comédien d'un personnage très typé qui nécessite une transformation et un travail de l'expression, de l'attitude, du physique* ». La plupart ont pour objectif de suivre les tendances de la mode pour s'intégrer au groupe des pairs, plaire et s'y distinguer à travers des codes partagés entre amis ou membres d'un sous-groupe d'appartenance. Au niveau du look, les garçons optent souvent pour la « cool attitude » en misant sur des tenues décontractées, teintées de nuances « machos », « sportives » ou « hippies », tandis que nombre de filles n'hésitent pas à porter très jeunes des tenues incroyablement sexy, à grand renfort de petits hauts échancrés, de jupes ou shorts minimalistes et de bas résille faisant hurler leurs mères féministes. Le jeu principal consiste à faire plus vieux que son âge, tout en conservant doudous et peluches au titre de reliquats de la petite enfance. Cet affichage paradoxal est emblématique du *jeu des apparences* auquel se livrent les ados.com. Il tente de masquer mais trahit à la fois un besoin éperdu de sentimentalité où dominent la tendresse et l'affection. Une dépendance affective persistante qu'ils ne cessent de dénoncer sur tous les tons, mais qui continue à transparaître à travers les « branchements » matériels ou spirituels dont ils semblent ne pouvoir se passer. Aux cordons des écouteurs qui ne les quittent pas, ils associent des T-shirts à l'effigie du groupe de hard rock AC/DC, sans d'ailleurs savoir que le mot signifie « courant alternatif/courant continu », ou à celle de vieux héros de leurs parents, tels Jimi Hendrix, Che Guevara et Bob Marley, qu'ils confondent en une même figure de rebelle « branché ». Ils ajoutent des « codes de consommation » qui font intégralement partie du look et qui sont justement réputés rendre *dépendants*. Ces marqueurs qui prétendent trancher avec le monde de l'enfance et leur permettent de s'affirmer contre la volonté des parents, sont, dans l'ordre d'apparition, le tabac, l'alcool et le cannabis. Pour « poser » devant son collège, un ado.com peut s'afficher non loin de l'entrée avec telle marque de cigarettes en évidence, un pack de bières à la main et un pendentif en forme de feuille de cannabis au cou. D'autres s'appliquent à revêtir des tenues passe-muraille pour jouer la discrétion, et certains préfèrent s'affirmer dans le style « *no look, no drug* » qui constitue un autre uniforme.

L'apparence, sinon rien !

L'affichage en chair et en os est démultiplié par celui qui occupe les écrans. Les selfies ont aussi leurs codes : tirer la langue, faire une grimace, mettre la bouche en canard, arborer un geste de provocation, etc. En dehors des autoportraits, les clichés saisis sur le vif puis diffusés dans les réseaux sociaux peuvent capturer un ami ivre, endormi échoué dans un coin, ou faisant le pitre. Ils composent également un patchwork de leur vie quotidienne. Les ados.com photographient *tout* : leur bol de céréales, leurs chaussures, leurs objets, leurs accessoires et leurs animaux domestiques… Et les commentaires des amis sont toujours dithyrambiques, à grand renfort d'émoticônes évocatrices : « Trop belle mon bébé ! », « T'es une pote de ouf ! », etc. Les couples s'exposent tête contre tête sur leur profil respectif de Facebook – affichage retiré dès que survient la rupture, permettant ainsi à tous les « amis » d'en être immédiatement informés.

L'individualisme exacerbé de notre société est sans doute responsable de cette inclination à s'autopromouvoir. « Ne compte plus sur la filiation pour savoir qui tu es, ni sur la communauté à laquelle tu appartiens *de fait*. Compte seulement sur toi pour te définir toi-même ! » semble en être le principe clé. À la mesure de la fragilité narcissique que cette obligation individuelle suscite, chacun doit en quelque sorte *choisir son camp*, c'est-à-dire son groupe d'appartenance. Et pour y être admis, les ados.com doivent associer à l'« égocentration » le *culte de l'aisance* pour apparaître riches et puissants (ou puissamment équipés), indiquer qu'ils ont les moyens, afficher sur eux des objets de luxe valant codes de reconnaissance. Se faire sa place au soleil, avoir une reconnaissance publique. « Avoir de la thune » est la réussite qu'ils se souhaitent pour plus tard, à égalité avec « Avoir des enfants et une belle maison ». Un conjoint ? Si possible, sinon tant pis – eux qui savent qu'un couple adulte sur deux divorce ou se sépare. Seules les stars brillent à leurs yeux, quelles qu'elles soient.

Ils cherchent à se produire sous ce qu'ils pensent être leurs plus beaux atours, usent et abusent d'arguments de séduction dont ils ne mesurent pas toujours les dangers et les conséquences. Sans suffisamment anticiper que leur *surexposition numérique* peut précisément les exposer à des attaques blessantes ou humiliantes. Myrtille, 16 ans, en a fait les frais. Lorsqu'elle était en couple avec Alexis, 18 ans, celui-ci lui avait demandé de prendre des poses dénudées et sexy devant sa webcam. L'adolescente s'était exécutée « pour lui faire plaisir, et aussi parce qu'elle trouvait le jeu amusant et excitant ». Elle ne se doutait pas qu'en cassant trois semaines plus tard, elle allait voir Alexis se venger méchamment en publiant ses clichés compromettants sur la Toile. Dans un autre registre, Julien, 16 ans, n'imaginait pas que les écrits et productions graphiques de son blog allaient susciter autant d'attaques destinées « à le pourrir ». Il a en effet vu les compositions poétiques de son blog se faire sauvagement moquer à coups d'injures et de railleries au sujet de sa supposée orientation homosexuelle. Quant à Lilian, 15 ans, qui aimait porter fièrement le prénom d'un célèbre footballeur jusqu'en classe de sixième, allant jusqu'à pratiquer passionnément ce sport et à le faire savoir en images sur sa page Facebook, il ignorait que sa petite taille et sa puberté tardive allaient faire de lui un bouc émissaire en troisième, traité de « Liliane-la-naine » et systématiquement exclu des équipes formées par les garçons de sa classe. Ce sont quelques illustrations de cette nouvelle forme de violence que représente le *harcèlement numérique*, dont les piques répétées et surtout démultipliées dans les réseaux sociaux donnent aux victimes fragilisées la conviction d'être cernées, offertes au qu'en-dira-t-on des internautes comme des bêtes aux abois. Acculées, blessées, humiliées, elles peuvent malheureusement souffrir au point de penser au suicide pour échapper à cette forme d'hallali des temps modernes. Le mot « harcèlement » prend d'ailleurs tout son sens lorsqu'on sait qu'il dérive de « herse » – l'instrument à dents, puis la grille mobile –, lui-même issu du latin *hirpus*, nom d'un vieux loup transalpin, réputé pour ses dents acérées.

Dangers du Web

Il est indispensable que les parents et les adultes en charge des ados.com aient avec ces derniers des discussions régulières à propos des dangers du cyberharcèlement[1]. Il ne s'agit pas de les dissuader d'utiliser les réseaux sociaux qui représentent à leurs yeux une forme moderne et très rapide d'échanges, un courrier instantané à la fois *écrit* et *audiovisuel*. Mais il faut les mettre en garde contre les risques de la

1. En anglais : *cyber-bullying*.

surexposition de soi et de données trop personnelles et privées – cette tentation de l'« extimité[1] » projetée sur écrans. Et les convaincre de ne pas contribuer, à leur tour, à propager de telles informations ou à diffuser des rumeurs infondées, dans le but de nuire, sachant que ce mode d'agression anonyme à large audience peut avoir des conséquences dramatiques. Des réflexions qui pourraient être partagées dans les cours de « critique numérique » dont je recommande vivement, comme je l'ai dit précédemment, la mise en place dans les collèges.

À discuter également avec les ados.com : les risques auxquels ils s'exposent en fréquentant des sites pornographiques ou extrémistes. Attention à ne pas transformer ces échanges en leçons de morale, et avoir en tête qu'interdire formellement de telles « visites numériques » serait à la fois inefficace et susceptible d'alimenter la tentation de la transgression. D'autre part, il convient d'évoquer les *vrais dangers* du Web en la matière, non de se livrer à des exagérations simplistes qui produiraient des effets inverses à ceux escomptés. Ainsi, la fréquentation de sites pornos expose les ados à télécharger des programmes malveillants (virus informatiques, abonnements forcés), mais surtout à avoir une vision déformée et caricaturale des rencontres amoureuses réduites à celles d'organes sexuels surdimensionnés. Les sites extrémistes et sectaires méritent eux aussi d'être dénoncés pour ce qu'ils sont, non en fonction de principes moraux : totalitarisme, esclavage de l'individu, etc. Quant aux mau-

---

1. Terme proposé par Serge Tisseron dans son ouvrage *L'Intimité surexposée*, Paris, Ramsay, 2001, rééd. Hachette, 2003.

vaises rencontres sur Internet, elles sont difficilement évitables et réclament de la part des adultes ayant en charge les ados d'expliquer en quoi l'anonymat numérique peut cacher des intentions dangereuses, voire criminelles. Là encore, jugements à l'emporte-pièce, délits de faciès et conseils moralisateurs sont à éviter. Gardons à l'esprit que les ados sont avidement en quête de contacts et de liens pour rompre leur vécu de solitude et de soumission à l'ordre parental. Ils se sentent souvent seuls et incompris, ce qui en soi n'est pas nouveau, mais disposent à présent d'une puissante main digitale qui se transforme en *main tendue* pour se lier à des « correspondants » et ainsi se sentir plus libres. D'où le succès des réseaux sociaux et des guildes de jeux vidéo, avec pour tous les adolescents « branchés » un axe commun, se reconnaître entre *semblables*, selon deux options, reflets de leur mode de relation à l'autre : soit chercher, sinon l'âme sœur, du moins l'alter ego qu'il faudra s'employer à rencontrer *en vrai*, soit rester anonyme et distant, caché derrière son avatar et son pseudo, pour éviter la réalité, la complexité et l'évolution non maîtrisée de la vraie rencontre. Sans parfois réaliser que les correspondants usent des mêmes subterfuges pour masquer des desseins inavouables.

Chez les ados.com, la *main digitale* permet de s'affranchir des premiers blocages relationnels que la timidité et l'inexpérience provoquent lorsque la rencontre est vécue comme un *corps à corps* trop exposant. Prendre la plume numérique, fût-ce de manière phonétique, leur permet de « faire écran » au pied de la lettre et de filtrer ainsi les messages émis. En même temps qu'elle les protège, cette même ressource les autorise à réduire toutes les « distances » qui les séparent du groupe des pairs ou des adultes qu'ils veulent contacter. Ils s'écrivent beaucoup entre eux et s'adressent de plus en plus aux professionnels qui les ont en charge par SMS ou mails interposés pour solliciter un avis ou faire une demande. Et tandis que nous les attendons aux « portails informatiques » que nous mettons en ligne pour les recevoir, eux savent se procurer ou reconstituer nos adresses électroniques pour entrer directement sur nos propres portables ou ordinateurs de bureau.

Connexions et dépendance

La *cyberaddiction* fait très peur aux parents. Non seulement le temps que les ados.com passent devant les écrans ne cesse de prendre de l'importance, mais les activités répétitives auxquelles ils s'y livrent sont jugées superflues, voire « stériles » et considérées comme une preuve évidente de dépendance à la *drogue numérique.* De telles craintes ne sont pas infondées. L'évitement phobique se développe chez les jeunes, et le filtre numérique peut maintenir certains adolescents dans l'écart, la fuite et l'illusion que les évolutions virtuelles sont préférables aux « vraies » rencontres (voir chapitre 9, « Phobies d'hier et d'aujourd'hui »). L'addiction aux écrans existe, même si les adolescents qu'elle frappe se caractérisent généralement par d'autres appétences excessives et aliénantes, celles-là incontestablement toxiques comme l'abus d'alcool et de substances psychoactives. Dans l'un et l'autre cas, la démesure et le retentissement que ces pratiques ont sur la vie quotidienne sont évidemment des indicateurs de gravité, au même titre que la répétition et le cumul des conduites de rupture. Mais même sans aller jusqu'à ces excès, nombreux sont ceux qui s'absorbent plusieurs heures par jour dans des jeux en ligne ou dans le visionnage par *streaming* et à la chaîne de plusieurs épisodes de séries télévisées. Est-ce seulement pour fuir la réalité ? Ou bien doit-on plutôt penser que la recherche de sensations est préférée à la vie émotionnelle estimée plus compliquée à gérer ? Ou encore s'agit-il de se plonger avec délices dans une sorte de téléobservation des affres de la vie humaine que ces films souvent caricaturaux rendent de ce fait plus visibles ? Il y a sûrement un peu de tout cela, les rapports établis par les jeunes entre le réel et les différentes formes de ses reflets demandant en effet à être explorés, étudiés, évalués, à condition toutefois de ne pas systématiquement les condamner par principe et sans preuve.

Les adolescents se saisissent du virtuel à mesure que le progrès technologique le leur permet et, il faut bien le dire, que le mode de vie qu'ils subissent les y oblige – la société et leurs parents cherchant à les dissuader toujours davantage d'explorer la rue et la cité censées les exposer à tous les dangers. Depuis qu'ils sont tout petits, nous ne cessons de vouloir les protéger et les mettre en garde, préférant les voir jouer à l'abri de telle ou telle « activité » parfaitement encadrée ou dans le cocon douillet de leur chambre. Nous craignons tout ce qui pourrait menacer leur *intégrité physique*, exigeant garanties et mesures de protection en tous genres pour qu'il ne leur arrive rien de fâcheux. Et sans toujours en avoir conscience, nous avons très tôt entraîné les enfants du « risque physique zéro » sur la voie de la virtualité pour qu'ils se tiennent tranquilles. La vie est violente et cruelle, et le monde extérieur dangereux ? Pour qu'ils l'oublient, nous avons cherché à leur offrir un havre de paix et de douceurs où le *soft* s'est décliné sous toutes les formes – du doudou au joystick, en passant par la tendre moquette de leur chambre. Familiers de la télévision, nous avons veillé à ce que celle-ci diffuse des programmes édulcorés destinés à leur jeune public, assortis de messages de prévention. Et nos enfants se sont saisis de l'écran de la télé pour suivre ces programmes et les relayer avec leur console de jeux... Sans le savoir, nous avons contribué à « virtualiser » leur ouverture au monde, les incitant curieusement à se désincarner pour qu'ils restent sains et saufs. Nous connaissons la suite : ce que nous leur interdisons de faire dans la vraie vie, ils se l'autorisent par la voie des ressources virtuelles ; et la violence du monde et de la vie dont nous prétendons les protéger, ils l'approchent et la traitent à leur façon dans ces jeux vidéo hyperviolents qu'ils maîtrisent à la perfection.

Il y a là matière à réflexion, même si l'on sait que ceux qui s'adonnent à ces pratiques avec démesure sont aussi ceux qui s'exposent corps et biens à tous les dangers. La transmission éducative ne saurait se résumer aux mises en garde affichées sur les écrans, pas plus qu'elle ne peut reposer sur l'étendue des « ouvertures virtuelles » auxquelles elle donne accès. Les systèmes informatiques dits « éducatifs » ne sont que des outils. Les « transmetteurs » les plus puissants sont les adultes qui ont en charge enfants et ados. Leur autorité et les enseignements qu'ils dispensent n'ont de portée que s'ils sont incarnés, soutenus par un engagement affectif et une *présence* perceptibles. De leur côté, les enfants ou ados à qui cette transmission s'adresse doivent pouvoir vivre tous les aspects (négatifs ou positifs) de cette confrontation, *en chair et en os*. Ce qu'ils savent obtenir tout seuls, ce sont les sensations fortes qu'ils se procurent jusqu'à saturation. Ce qui leur manque, ce sont les expériences bien réelles qui les reconnaissent et les mettent en scène. Les faire passer de la position de consommateurs passifs à celle d'acteurs mus par l'envie de faire des recherches et des projets, tel devrait être notre objectif, à condition que nous ayons la volonté de les accompagner et d'enrichir leurs perceptions afin qu'ils en tirent des conclusions utiles à leur esprit critique.

La peur du virtuel

Pour nombre d'entre nous, la virtualité est, en elle-même, source d'inquiétudes, puisque le monde des nouvelles technologies ajoute au réel et à l'imaginaire cette dimension jusque-là inconnue. Les parents mettent souvent en accusation cette dernière, susceptible à leurs yeux de provoquer de redoutables confusions. Nos ados.com ne risquent-ils pas de se prendre pour le personnage qui les incarne dans tel ou tel jeu vidéo, ou d'adhérer aux images de synthèse qu'ils voient, au point de vouloir faire pareil ou de fuir la vraie vie ? Nous redoutons qu'ils mélangent virtualité et réalité et qu'ils mettent en actes ce qu'ils visionnent ou produisent sur les écrans. Nous les imaginons tentés de préférer les mondes parallèles et la vie relationnelle simplifiée qui s'y déroule. Et pour clore le tout, sachant qu'ils passent déjà beaucoup de temps à se regarder dans le véritable miroir de la salle de bains, nous craignons qu'ils n'utilisent leurs écrans aux mêmes fins, risquant de s'aliéner à une autocontemplation maladive, tel Narcisse emprisonné par son propre reflet.

Les adolescents les plus fragiles ou les plus démunis peuvent évidemment se faire piéger par la virtualité et ses chimères. C'est le cas d'un adolescent sur sept qui multiplie les ruptures pour *se couper* de la réalité. En revanche, pour la grande majorité des adolescents, il semble que le passage du réel au virtuel n'est pas aussi problématique que certains le prétendent. Eux font la part des choses et ne confondent pas ces deux dimensions qu'ils s'efforcent d'accorder à leur imaginaire. Leur but n'est pas de se réfugier dans la fiction – fût-elle en 3D ; ils ont en général le désir de s'amuser et de se rencontrer en *vrai*. Nous nous plaignons de les voir derrière des écrans et branchés entre eux en permanence ? Mais que faisons-nous pour favoriser leurs rencontres et leurs échanges *dans la vraie vie*, sans les transformer en « objets » de toutes nos attentions ? Ni trop près, ni trop loin, nous devrions assurer une contenance acceptable en respectant leurs distances, ce qui pourrait peut-être atténuer les excès informatiques et les beuveries déchirantes des soirs de week-end. Avons-nous conscience qu'à travers ces ivresses numériques et ces libations géantes, la plupart cherchent moins à se couper de tout qu'à créer des liens pour se nourrir mutuellement d'échanges et de regards, de relations amicales et d'expériences amoureuses ? Et nous qui les imaginons les proies faciles de toutes les intrusions, savons-nous qu'ils possèdent mieux que beaucoup d'adultes la « science » des pare-feu informatiques et des codes d'accès ?

Pour tous les autres qui s'incarnent en ados.com afin de

traverser l'adolescence, sachons proposer discussions et négociations, avec tact et mesure, en évitant si possible les clashs relationnels. Il est vrai qu'il faut souvent s'armer de patience et que les talents de diplomate et de modérateur des parents peuvent être mis à rude épreuve, au moment où ces derniers ont à faire face à une solide concurrence de la part des figures d'identification qu'incarnent les stars. Nous l'avons dit, nos ados.com se sentent familiers de ces personnages à qui tout semble réussir, et dont ils croient connaître la vie intime – profusion d'« infos » oblige. À leur image, ils en profitent pour afficher ostensiblement leur aisance, y compris *matérielle*. Et ils passent avec souplesse d'un look ou d'un écran à l'autre, sans manifester de résistance à ces influences extérieures qui nous dérangent ou nous inquiètent, non seulement du fait qu'elles nous échappent, mais parce que nous savons que derrière les pluies de strass et de paillettes se profilent des intérêts commerciaux qui les traitent en « cœurs de cible » rêvés. Élevés en consommateurs avertis et exigeants, les ados.com ne cherchent-ils pas justement à nous renvoyer qu'ils portent sur eux ces *signes d'aisance* auxquels nous semblons tant tenir ? Et ne traduisent-ils pas à leur manière les contraintes auxquelles les soumet une société où l'individu prévaut sur le groupe et dans laquelle chacun doit afficher « ce qu'il possède » ou « de quoi il se réclame », plutôt que « d'où il vient » et « de qui il tient » ?

4

Les mœurs évoluent, les ados aussi…

« Aimer, c'est risquer le rejet. Vivre, c'est risquer de mourir. Espérer, c'est risquer le désespoir. Essayer, c'est risquer l'échec. Risquer est une nécessité. Seul celui qui ose risquer est vraiment libre. » Ces pensées attribuées à Paulo Coelho, Alexia, 15 ans, les a publiées sur son blog avec, en fond d'écran, une superbe vue du bassin d'Arcachon traversé, au soleil couchant, par une formation en V d'oies sauvages. Beaucoup de choses changent, mais à l'évidence nos ados continuent à soumettre leurs sentiments profonds à l'épreuve du risque ! Aimer, mourir, entre-temps espérer et entreprendre, rien de bien nouveau en apparence sous le soleil adolescent. Et pourtant… Certes, à la différence des couples adultes qui aujourd'hui, dans la « vraie vie », se font et se défont sur un rythme soutenu, il y a un duo qui semble résister au temps qui passe : celui du couple Éros et Thanatos, le Sexe et la Mort. Mais j'ose ajouter qu'ils sont inséparables *pour l'instant*, c'est-à-dire tant que la reproduction des humains reste sexuée et non autorépliquée. Un propos bien peu poétique… Jusqu'à maintenant, chacun apprenait en effet très tôt que notre sort d'humain est de naître et de mourir un jour, entre-temps de se reproduire si possible par amour, faire de ses enfants son propre devenir qui, à leur tour, engendrent leur propre descendance, connaître celle-ci sur une ou deux générations avant de disparaître, etc. Dans cette chaîne de vie, le rapport symbolique à l'un ne peut se concevoir sans lien avec l'autre, ce que tous les rites ont intégré et associé depuis toujours. Or, voilà que le progrès des sciences et des techniques vient contester cet « ordre des choses » avec, pour la première fois dans l'humanité, des arguments d'une telle solidité que nos certitudes vacillent et que deux *dénis majeurs* prennent une importance jusque-là inégalée : le déni de la différence des sexes et le déni de la mort.

Le sexe et la mort

Les mentalités et les modes de vie sont modifiés en profondeur par les nouvelles possibilités qu'offre la science dans le domaine de la reproduction. Cela concerne évidemment tous les âges, mais avec une acuité particulière chez les jeunes, puisque l'adolescence voit simultanément émerger le corps sexué et les interrogations existentielles majeures articulées autour de « Qui suis-je ? », « D'où viens-je ? » et « Où vais-je ? », bornant le sens de la vie à ses deux extrémités. Leurs représentations et leurs agissements s'adaptent à ces nouvelles donnes, nous laissant souvent désemparés. Ont-ils clairement conscience que derrière les avancées considérables que sont la pilule contraceptive et le droit à l'avortement, se cachent des réalités tout de même très dérangeantes à leur âge ? Selon la dernière enquête « Santé des étudiants et des lycéens » de la mutuelle SMEREP[1], quatre lycéennes sur dix ont eu recours à la pilule du lendemain, et une sur dix a déjà connu l'IVG ! Quant à cette horrible maladie qu'est le sida où sexe et mort se trouvent fondus l'un dans l'autre, elle fait aujourd'hui, à tort, beaucoup moins peur aux adolescents. Certains sont convaincus que la maladie n'est plus mortelle grâce aux nouveaux traitements, d'autres – simplement protégés par l'immaturité généreuse de la jeunesse – veulent faire « totale confiance » à leur partenaire sexuel, d'autres encore jugent le port du préservatif trop contraignant, et un chiffre fait froid dans le dos : la même enquête indique qu'un adolescent sur deux n'utilise pas *systématiquement* le condom lors des rapports sexuels, alors qu'en dehors du VIH, les jeunes sont très exposés aux risques d'IST[2], notamment chlamydia et gonocoques.

Trente ans d'interventions préventives en milieu scolaire et festif, sans doute parfois trop « techniques », semblent avoir généré des résistances, et le recul de l'épidémie de sida établit un faux climat de confiance. Les jeunes misent sur quelques dépistages de temps en temps, dans le meilleur des cas et pour ceux qui ne confondent pas, si incroyable que cela puisse paraître, dépistage et vaccination ! Ils sont unanimes pour reconnaître que l'amour s'accommode mal du préservatif et que les soirées très arrosées n'arrangent rien à l'affaire.

---

1. Enquête « Santé des étudiants et des lycéens », SMEREP, juin 2015.
2. Infections sexuellement transmissibles.

Les parents savent que les temps ont changé et que les ados connaissent plus tôt qu'auparavant les préliminaires sexuels, même si l'âge moyen du premier rapport abouti (appelé « première fois ») se situe encore vers 17 ans. Et bien qu'ils sachent aussi que leurs enfants sont très *informés* sur ces questions par les canaux du Web, ils ont du mal à en parler avec les plus jeunes, préférant penser que leur propre ado n'est pas encore concerné par la sexualité agie. Il faudrait pourtant qu'ils puissent avoir des échanges « dépassionnés » à ce sujet, par exemple à l'occasion d'un film vu ensemble, d'un fait divers rapporté par les médias, ou des agissements réputés d'un jeune des environs (ne surtout pas embarrasser l'ado en parlant d'une personne trop proche). La sexualité ne peut plus être considérée comme un sujet tabou et compte tenu de la précocité des ados aujourd'hui, il est important de pouvoir en parler sereinement dès l'âge de 14 ans, en évitant toute intrusion et toute question indiscrète. Il serait également souhaitable que les pères puissent parler sereinement à leur fils adolescent des pulsions sexuelles et de la manière de les contenir pour ne pas devenir des prédateurs, du respect des différences de point de vue entre garçons et filles au sujet de la sexualité, du port des préservatifs en tant que protections mutuelles, etc.

Attention toutefois à ne pas se montrer trop « relou » en laissant bien en évidence une boîte de préservatifs dans la salle de bains, ou un livre sur la sexualité traîner sur la table du salon. La question n'est pas d'instrumentaliser la sexualité, en la séparant de la sentimentalité. On doit apprécier leur niveau de connaissance en la matière, de façon souple et en manifestant clairement le respect que l'on accorde aux émotions et aux sentiments. Et pour parler des aspects plus sensibles de la biologie du corps pubertaire, les mères seraient bien inspirées d'autoriser leur fille de 15 ans à rencontrer une gynécologue – conseillée par la leur, mais idéalement différente. Il faut d'ailleurs savoir que cette spécialiste ne pratiquera l'examen de l'appareil génital qu'en cas de nécessité et à la demande de l'intéressée, mais qu'elle sera à même d'aborder avec l'adolescente les sujets les plus délicats.

Choix et contraintes du « même » et du « différent »

Le déni de la différence des sexes s'appuie principalement sur les progrès fulgurants de la biologie appliquée à la gynéco-obstétrique. Si la grossesse au masculin n'est pas (encore) possible, rien n'empêche plus du point de vue technique – à part la loi actuelle en France – la gestation pour autrui (GPA) permettant à une femme de plus de 40 ans ou à une célibataire endurcie *d'avoir un enfant seule*, c'est-à-dire de se faire féconder par un sperme anonyme ou « connu » (ami, relation…), et aux couples homosexuels d'avoir accès à la parentalité, via une « mère porteuse », sans avoir recours à l'adoption. Quant à l'utérus artificiel, il ne relève plus de la pure science-fiction. En cours de développement, il permettra bientôt, après fécondation *in vitro*, une grossesse extracorporelle, à savoir la croissance de l'embryon dans un dispositif placentaire artificiel contenant un liquide amniotique de synthèse, les hormones et les nutriments indispensables à son développement. Et pour couronner le tout, l'autoengendrement à partir de ses propres cellules souches se profile à l'horizon...

En pleine métamorphose pubertaire *subie*, les ados se montrent très ouverts vis-à-vis de ces mutations qui consacrent la victoire des choix sur les contraintes, et satisfont ainsi leurs fantasmes de toute-puissance. Ils sont majoritairement « pour » la mono- et l'homoparentalité, et ne voient aucun problème au *coming-out* « bi » d'un(e) de leur camarade. Le summum, c'est à un ex-patient que je le dois : il se disait « tri- », c'est-à-dire à la fois hétéro-, homo- et bisexuel !

Sans dramatisation abusive et tout en sachant que l'adaptation est un principe évolutif essentiel, on pourrait s'interroger sur le devenir de la construction identitaire des hommes et des femmes de demain, si l'orientation sexuelle peut varier, par choix, au cours de l'existence. Aucune étude sérieuse ne peut cependant prétendre aujourd'hui que le flou de l'orientation sexuelle apparu à l'adolescence pourrait être préjudiciable au devenir affectif et relationnel des jeunes concernés. Le « doute pubertaire » alimente dans ce domaine les besoins d'étayage identitaire caractéristiques de cette période de la vie. Rien ne permet non plus d'affirmer que l'homosexualité serait aujourd'hui plus fréquente chez les ados ; elle est moins taboue en société, et même valorisée et exposée dans certains milieux, ce qui peut donner l'impression erronée qu'elle augmente. On peut se penser et se vivre « bi » à l'adolescence, mais *on ne devient pas* homo- ou transsexuel à cet âge ; on l'est (ou pas) depuis toujours, et on l'assume plus ou moins bien en fonction du regard d'autrui, en famille et en société, et de l'assise de sa propre personnalité. Il est d'ailleurs établi que le risque suicidaire frappe plus les jeunes homosexuels des deux sexes que les autres, pas seulement en raison de l'homophobie et du harcèlement dont ils peuvent être victimes, mais parce qu'il est aussi plus difficile – et potentiellement davantage source de souffrances – de pouvoir assumer sa différence identitaire.

« Depuis toujours, dit Clémence, 17 ans, je sais que j'aime les filles. Impossible d'en parler à la maison. Quand mon père voit un artiste à la télé, il fait souvent un petit commentaire moqueur : "Celui-là a l'air d'un vrai homo", ou bien "Celle-là, c'est sûrement une gouine", etc. Il est complètement intolérant avec ça, on s'est souvent pris la tête… Ma mère, elle, est dépressive. Si je lui disais que ma meilleure amie, Katia, est aussi ma petite amie, je sais que ça la ferait pleurer, elle serait trop déçue… C'est pour ça qu'avant de connaître Katia, je suis sortie avec deux ou trois garçons, pour voir si je pouvais changer. Ils étaient super gentils et respectueux, je suis bien tombée, mais j'ai beaucoup pleuré en m'apercevant que je ne pouvais pas me forcer, je ne suis pas attirée par les garçons… »

Les parents qui apprennent l'homosexualité de leur enfant le tolèrent aujourd'hui mieux qu'auparavant. Rares sont cependant ceux qui disent ne pas avoir souffert lors de cette révélation. « Je l'avais compris depuis longtemps, reconnaît Hélène, la mère de Julien, 18 ans. Mais je n'osais pas lui en parler, de peur de fixer une orientation qui pouvait évoluer. Je sais maintenant que je ne voulais pas me l'avouer parce que je voyais ça comme un échec. Je n'osais pas non plus aborder le sujet avec son père dont je suis séparée mais avec qui j'ai gardé de bonnes relations, alors que finalement il a beaucoup mieux réagi que moi lorsqu'il l'a su. Le soir où Julien est venu me demander si son ami Matthieu pouvait *dormir avec lui* à la maison, je me suis effondrée comme une idiote. Et le pire, c'est quand je me suis entendue lui dire : "Tu es sûr ?" On en a souvent ri ensemble, depuis… »

L'annonce est souvent douloureuse, car elle marque le début d'un processus de deuil des projections parentales qui sera plus ou moins long. Il faut admettre l'idée que l'on n'aura sans doute pas de petits-enfants, pouvoir renoncer à ses vues personnelles, être capable de soutenir le regard des autres sans honte ni culpabilité. Les choses s'apaisent ensuite, lorsque les parents sentent l'adolescent capable d'assumer sa différence. Car ils craignent plus que tout de voir leur enfant confronté à des difficultés, au rejet, aux moqueries, etc. Il est important qu'il soit soutenu par sa famille afin de pouvoir affronter les attitudes homophobes et se renforcer dans son identité. La compréhension et le soutien familial pacifieront énormément les relations entre enfant et parents.

L'identité sexuelle en grande souffrance est concentrée dans le transsexualisme, et le rejet de l'inné peut s'appuyer aujourd'hui sur les réussites de la chirurgie dite « transgenre » ou « chirurgie de réassignation sexuelle » qui permet chaque année, en France, à environ 400 personnes[1] souf-

1. « Évaluation des conditions de prise en charge médicale et sociale des personnes trans et du transsexualisme », rapport de l'IGAS n° RM2011-197P.

frant d'un conflit identitaire majeur avec leur sexe biologique, d'en changer. Au terme d'une procédure spécifique avec suivi psy, les hommes transsexuels (encore les plus nombreux à se faire opérer) bénéficient d'une « vaginoplastie » assortie d'apports hormonaux ad hoc et d'implants mammaires, tandis que les femmes concernées peuvent recourir à une « phalloplastie » permettant de créer un pénis à partir d'une reconstruction du clitoris. Les uns et les autres bénéficient d'un changement d'état civil. Cyril, l'un de mes patients âgé de 15 ans, a vu sa mère se séparer de son père, partir dans un autre pays d'Europe pour s'y faire opérer en secret de ses propres parents, changer de sexe et de prénom, puis revenir en France pour s'établir en couple avec une autre femme transsexuelle en attente de l'intervention chirurgicale, rencontrée dans une association. Des complications identitaires qui amènent Cyril à refuser de rencontrer la compagne/compagnon de sa mère, et à s'interroger sur sa propre orientation sexuelle – questionnement à l'origine de sa demande de thérapie.

Plus fort que la mort ?

Du côté du déni de la mort, la science n'est pas en reste. Depuis quelques années, des chercheurs s'emploient très sérieusement à la réalisation d'un rêve vieux comme le monde : faire de l'homme un être immortel. En 2013, le géant Google s'est ainsi lancé dans ce pari fou en créant la société de biotechnologies California Life Company, ou Calico, dans laquelle ont été investis des dizaines de millions de dollars. Hébergée dans le complexe secret Google X Lab, l'entreprise a pour objectif avoué de « tuer la mort » (*sic*).

Un projet totalement immature, sommes-nous tentés de dire avec un petit sourire entendu. Certes, mais sans délirer à ce point, les avancées technologiques sont incontestables, l'espérance de vie augmente, et les mentalités s'accommodent et se nourrissent de tout cela (toujours la force de l'adaptation humaine), projettent et vont de l'avant, parfois même devancent intuitivement les grands sauts épistémologiques de demain, tout en entraînant dans leurs sillages les nouveaux modes de vie. Comme le rappelle mon ami Patrick Baudry[1], professeur de sociologie et ancien élève de l'anthropologue Louis-Vincent Thomas[2], l'hégémonie d'une technoscience donnant l'espoir fou d'une mort vaincue ou qui pourrait se ravaler au rang de la maladie, va de pair avec la montée de l'individualisme dans une société dominée par la consommation, l'esprit de compétition et la recherche du profit au plus vite, jusqu'à considérer certains décès comme de simples manques à gagner, voire de regrettables faillites personnelles. Ajoutons à cela que tout s'accélère selon une courbe exponentielle au rythme effréné des révolutions technologiques. Il fallait autrefois trente ans (une génération) pour enregistrer des modifications tangibles dans les modes de vie, il ne faut plus aujourd'hui que cinq ans (par exemple, les achats par Internet). Il faut cou-

1. Patrick Baudry, *La Place des morts*, Paris, Armand Colin, 1999.

2. À qui l'on doit l'expression « déni de la mort » au sens retenu ici. Louis-Vincent Thomas, *Anthropologie de la mort*, Paris, Payot, 1988.

rir, se dépêcher, s'épargner tous les temps jugés inutiles, au risque de perdre le fil, c'est-à-dire le sens de la vie, et au prix de terribles défauts de solidarité – nous, théoriquement des *êtres sociaux* qui devraient laisser les ermites et les solitaires déclarés entériner qu'ils sont des exceptions confirmant la règle.

La mort *se gère*. Et il convient si possible de savoir s'en débrouiller seul. On paye soi-même, par avance, ses propres funérailles. Il faut également commander quel type de messe ou de musique l'on souhaite pour cette manifestation à venir qui doit être orchestrée comme une *ultime fête* en son honneur. Et pour que les choses soient claires – entendons dûment et définitivement classées – nous sommes de plus en plus nombreux à vouloir être incinérés. Partir en fumée pour laisser sa place. Se désolidariser avec une moue dégoûtée du *cycle du vivant* qui voudrait que, enterrées, nos chairs alimentent les vers, etc. Se désoler de ne plus pouvoir faire légalement disperser ses cendres là où l'on avait connu l'ivresse des grands espaces. Finir dans une urne, et se féliciter finalement de permettre ainsi, pourquoi pas, d'urbaniser un jour les cimetières.

De tous les points de vue, nous risquons d'être des *déracinés*. Aller se recueillir sur la tombe de nos ancêtres ? Où ça ? On ne vit plus là où on est né. Nécessité d'emploi oblige, les familles se dispersent. La mort ne se prépare plus autour du futur défunt et de sa famille, et le travail de deuil est laissé libre à chacun, à défaut d'être collectif – si besoin, il se fera individuellement en thérapie. Les professionnels remplacent les proches. C'est aussi ce qu'il se passe en cas de drame humain : la mise en place d'une *cellule psychologique d'urgence* vient faire au plus vite couler et sécher les larmes, entourer quelques heures les victimes, en s'offrant à la vue comme témoignage compassionnel solidaire. Quant à la Toussaint, c'est un comble : non seulement elle nous amène à risquer de nous tuer pour aller la fêter – puisque le week-end de cette fête est traditionnellement meurtrier sur les routes – mais ce « jour des Morts » ressemble à s'y méprendre aux 364 autres journées, plus ou moins « mondiales », commémorant chaque année tout et n'importe quoi.

Les parents doivent comprendre que devenir grand, c'est aussi prendre conscience que la mort n'est pas une « disparition » virtuelle comme un effacement de fichier numérique, mais une véritable perte qui nécessite un travail de deuil que les rites funéraires soutiennent et mettent en forme. Il est donc important d'amener les enfants au cimetière, d'accepter de rendre visite avec eux aux grands-parents agonisants, et au défunt dans son cercueil, pour que la réalité de la mort soit saisie « en vrai » : contrairement à ce que l'on pourrait croire, le plus traumatisant est la négation de cette étape ultime. On peut penser que l'engouement des jeunes pour les morts-vivants, les vampires, est une tentative de renouer avec ces questions existentielles majeures. Toucher un mort, éprouver la raideur, le froid du corps constitue une expérience de vie indispensable, alors que les visions de corps déchiquetés sur écran restent lointaines et irréelles. Dans le même sens, il faut raconter aux enfants les contes et légendes en version intégrale, c'est-à-dire le plus souvent très « gore », car ils donnent un sens métaphorique aux violences humaines.

« Lâcher l'affaire ? »

Un développement critique un peu long sur l'état de notre société, me direz-vous ? Sans doute, mais dans un tel contexte d'évitement et de fuite en avant, passablement dépourvu de sens et de solidarités, comment ne pas comprendre que les postures et les agissements des ados sont aussi des tentatives d'adaptation dont certaines sont peut-être, en effet, désespérées ? Enfants du numérique, les ados « lâchent vite l'affaire », comme ils disent, dès que leurs logiciels « rament un peu », ou qu'ils doivent différer une décision, supporter l'attente et la frustration. Assignés par beaucoup d'entre nous à être des consommateurs de la première heure, nos ados vivent d'autant plus dans *l'immédiateté* que nous les détachons de leurs origines et de leurs ancêtres, et que nous leur brossons du futur un portrait peu reluisant. *Il faut rester jeunes.* La vieillesse est une tare, moins on y pense, mieux on se porte (ne dit-on pas les « seniors » pour éviter le mot « vieux »), et ceux qui le deviennent vraiment, « très âgés », quand on ne les abandonne pas dans des mouroirs, on leur rend visite quelquefois, mais de préférence *sans les enfants* : « Ma mère m'a dit qu'aller voir Mamie à la maison de retraite, ça risquait de me traumatiser, reconnaît Alexia, 16 ans. J'ai été un peu déçue sur le coup. En même temps, c'est vrai que les vieux ça sent pas très bon, et j'ai peur d'attraper des maladies… »

Privés du passé, dégoûtés du futur, convaincus pour les plus défaitistes que le grand amour n'existe pas ou qu'il s'évapore trop vite comme chez leurs parents, les ados sont en quelque sorte *condamnés* à jouir dans l'instant, fût-ce à l'aide de sensations fortes – eux qui ont été, pour la plupart, comblés dès la naissance, à la différence des générations précédentes ayant dû se battre pour leur survie, et subir les guerres et les privations. De plus, nos ados ne peuvent pas recaler (on aurait envie de dire *réinitialiser*) leur GPS identitaire sur les rites de passage (naissance, baptême, mariage, enterrement), puisque ceux-ci disparaissent ou s'amenuisent, au mieux se transforment en simples « fêtes ». Eh bien, puisqu'il faut jouir et faire la fête, les jeunes vont s'y employer, mais à leur façon. Certains, surtout des garçons, jouent nuitamment les trompe-la-mort en deux ou quatre roues, avec pour carburant personnel l'alcool et le cannabis, et pour ivresse complémentaire la vitesse, sur les parkings déserts des supermarchés ou sur les routes des discothèques. Les chiffres font frémir : en France, environ 21 000 jeunes âgés de 15 à 24 ans sont, chaque année, tués ou blessés dans un accident de la circulation routière – première cause de mortalité dans cette tranche d'âge. Selon l'ONISR[1], en 2014, chez les jeunes tués, 24 % des 15-17 ans et 40 % des 18-24 ans avaient associé, en plus de la vitesse excessive, la prise d'alcool et de stupéfiants. D'autres jeunes consomment ces substances à outrance lors de soirées festives, privées ou sur la voie publique, où ils vont *faire corps* et se lancer des défis plus ou moins dangereux en guise de mises à l'épreuve. Les filles ne sont plus les dernières à tester leur résistance

1. Observatoire national interministériel de la sécurité routière (ONISR) – « Les accidents corporels de la circulation », 2014.

dans ce genre de défis. Les plus déterminés à « lâcher l'affaire » – au masculin comme au féminin – iront jusqu'à se faire vomir ou à tomber ivres morts (tiens, le mot réapparaît lorsqu'on veut l'ignorer), prenant le risque, chez les plus casse-cou, de se briser précisément les os par chute d'une hauteur, d'être victimes de violences (racket, viol, etc.), ou d'en être les auteurs (vandalisme, rixe, viol, etc.).

D'autres jeunes, surtout des filles, se scarifient les poignets et les avant-bras, phénomène dont l'ampleur sidère depuis une dizaine d'années. La plupart ne donnent pas de portée suicidaire à ces gestes improprement appelés « automutilations »[1], même si nous constatons cliniquement que 80 % des jeunes suicidantes ont des antécédents de telles pratiques. Le *cutting*, comme disent nos collègues anglo-saxons, ces jeunes filles l'attribuent à la recherche de sensations destinées à « se sentir exister », au moyen le plus efficace de réguler « un pétage de plomb », ou encore au besoin de « faire sortir de soi » le mal-être, la souffrance mentale, la haine. Curieusement, très peu admettent spontanément faire de leur peau l'écran de projection de leurs blessures intimes, jusqu'à devenir – pour les plus en souffrance – de véritables « plaies ambulantes », des « écorchées vives » qui, *à feu et à sang*, attendent désespérément qu'on les reconnaisse comme telles.

1. Le terme est excessif car le latin *mutilare* s'applique à la section irréversible d'un membre, d'un segment de membre ou d'un organe (par exemple se crever un œil ou se couper un doigt). Il s'agit ici de blessures cutanées auto-infligées qui blessent l'épiderme mais respectent le derme sous-jacent.

D'autres encore, ou les mêmes puisque les 15 % d'ados en grand mal-être cumulent toutes ces conduites de rupture, veulent *définitivement* lâcher l'affaire en se donnant la mort ou, à tout le moins, risquer le quitte ou double : « Soit j'y passe, se souvient Aurore, soit *ils* [les parents] vont enfin voir qu'ils me rendent malheureuse avec toutes leurs conneries. » Deuxième cause de décès chez les 15-24 ans, le suicide tue chaque année, en France, environ 1 000 jeunes (trois garçons pour une fille) et conduit 40 000 jeunes auteurs de tentatives de suicide (TS), dans la proportion inverse de trois filles pour un garçon, vers les services d'urgence ou de réanimation hospitaliers[1]. Si les facteurs déclenchants évoqués concernent surtout les ruptures et les pertes amoureuses ou familiales, ainsi que les violences subies (harcèlement, abus sexuel...), la majorité des jeunes suicidaires souffrent de difficultés identitaires et de troubles plus ou moins graves de l'estime de soi qui préexistaient avant ces éléments traumatiques[2].

On peut penser un peu vite que tous les ados suicidaires visent la mort à travers leur geste. En réalité, ils veulent cesser de souffrir, reprendre la main sur leur destin et s'affranchir de cette vie-là, « lâcher l'affaire », dans l'espoir secret d'exister autrement dans la mémoire de ceux qui restent. C'est la raison pour laquelle la meilleure prévention du

1. Pour une analyse statistique détaillée, voir « Suicide et tentatives de suicide : état des lieux en France », Institut de veille sanitaire, *Bulletin épidémiologique hebdomadaire* n° 47-48, décembre 2011.

2. Pommereau X., « Prises de risque inconsidérées, suicides et tentatives de suicide à l'adolescence », *Bull. Acad. Natle Méd.*, *196*, n° 2, 357-369, séance du 14 février 2012.

suicide consiste à repérer le plus tôt possible qu'un jeune a des difficultés identitaires au point d'avoir le sentiment de non-exister ici et maintenant.

Quatre-vingt-cinq pour cent des ados n'en sont pas là, heureusement. Mais faute de rites de passage proposés par les adultes, ils s'inventent les leurs. Renouant avec les *hommes premiers* chez qui la peau était le premier passeport identitaire, ils plébiscitent le piercing et surtout, aujourd'hui, le tatouage. Et puisqu'il leur faut intégrer au plus vite la planète ado pour se sentir moins seul, ils improvisent des *rites de consommation*. Marques vestimentaires, repas en fast-food, expérimentations puis, assez souvent, usages réguliers du tabac, de l'alcool et du cannabis, organisation de fêtes assorties de mises à l'épreuve, échanges sur les réseaux sociaux et partages autour du visionnage de vidéos et de séries. De quoi parlent-elles, d'ailleurs, pour l'essentiel ? De zombies et morts-vivants en tous genres pour se faire des frayeurs[1], d'histoires criminelles avec des détails de médecin légiste à faire blêmir[2], et de vampires qui s'aiment, se quittent ou se détestent[3]. Bref, « *Sex, drug and rock'n'roll* », une devise aux armes de la rose et de la tête de mort, pour apprendre à célébrer en solo, en réseaux et « en rouge et noir[4] », le vieux couple Éros et Thanatos dont ils n'entendent plus assez parler.

---

1. *The Walking Dead*, *In the Flesh*, *Z nation*, *iZombie*, etc.
2. *True Detective.*
3. *Twilight.*
4. Pommereau X. (2013), « En rouge et noir. Les nouvelles adolescentes », in Dupont S. et Paris H. (dir.), *L'Adolescente et le cinéma*, coll. « La vie de l'enfant », Toulouse, Érès, p. 193-199.

5

« S'arracher », pour quoi faire ?

« Qu'importe le flacon, pourvu qu'on ait l'ivresse. » Cette célèbre citation d'Alfred de Musset[1], qui savait de quoi il parlait, les ados d'aujourd'hui pourraient l'adopter sans hésiter ! Le goût du risque a très souvent chez eux le parfum de l'alcool. Ils sont en effet de plus en plus jeunes (moins de 16 ans) et nombreux à se livrer à de véritables beuveries organisées en fin de semaine. La proportion des filles ne cesse d'augmenter, tandis que ces dernières boivent les mêmes alcools forts que les garçons. Le phénomène est connu sous le nom de *binge drinking* – à traduire par « biture expresse », l'anglais *binge* exprimant la débauche, la fête débridée. Il s'agit en l'occurrence de boire le plus vite possible la plus grande quantité d'alcool. Depuis une dizaine d'années, cette pratique n'est plus réservée aux soirées dites d'intégration des écoles de commerce. Elle est devenue un mode de « lâchage » classique chez tous les jeunes, du jeudi soir jusqu'à la fin du week-end.

1. *La Coupe et les lèvres*, 1831.

S'enivrer à mort

Le *binge drinking* est caractéristique de la société de consommation. En discothèque, on parle d'ailleurs de « conso » à propos du verre d'alcool inclus dans le prix de l'entrée. J'insiste sur le mot *consommation*, car il participe du phénomène. À la différence des actes fondamentaux qui consistent à boire et manger pour assurer la survie et offrir des temps de partage, d'échanges et de plaisirs entre convives, *consommer*, c'est en effet avaler, ingurgiter, absorber des aliments, des boissons ou encore des données et des infos, etc., sans nécessairement envie, ni besoin, et surtout sans limites. Avaler de l'alcool en excès ou se gaver d'aliments lors des crises de boulimie, jusqu'à s'en rendre malade (vomissements), révèlent en consternante et parfois tragique caricature la logique propre à la frénésie de consommation : « prendre et (re)jeter », ou encore « mater puis zapper ».

Lorsqu'ils se rendent à une « fête », les ados emportent des munitions – vodka ou rhum, le plus souvent. Ils disent qu'ils vont *s'amuser*, mais ils savent que certains d'entre eux vont *s'arracher*, c'est-à-dire aller jusqu'au bout de la nuit pour rompre avec le quotidien et les réalités qui les dérangent. Un inquiétant « voyage de l'extrême », souvent à quelques encablures du domicile, *pour aller voir là-bas s'ils existent*, quitte à s'oublier en chemin (coma éthylique) et à être abandonnés par leurs pairs effrayés de la situation, ou à se (re)trouver à la charge de leurs amis qui les aideront à vomir, à se déshabiller et à se coucher comme de gros bébés malades.

La boisson alcoolisée la plus consommée par les adolescents est la bière. Elle constitue une « base » à laquelle s'ajoutent les alcools fortement titrés (la vodka arrive en tête, devant le rhum, le gin et la tequila), souvent accompagnés de boissons énergisantes (type Red Bull) destinées à « tenir » plus longtemps en durée et en quantité de consommation, tout en potentialisant les *effets de défonce* recherchés. Pour s'arracher, il faut en effet « se déchirer ». Outre leurs degrés et leur exotisme, ces alcools enivrent très rapidement. Ils ont également l'« avantage » d'être incolores, ce qui permet aux jeunes de les transvaser dans des bouteilles d'eau en plastique pour passer les contrôles dans les concerts et les festivals. Une autre pratique, croissante, consiste à se promener dans la rue avec à la main une bouteille de soda coloré contenant un mélange fortement alcoolisé.

En cinq ans, le nombre de transferts aux urgences pour alcoolisation massive aiguë chez les jeunes a doublé dans les hôpitaux français, avec des taux d'alcoolémie records jusque-là inconnus à cet âge (3 à 4 grammes d'alcoolémie).

Notre société de consommation trouve là une étonnante réplique de la part de ses consommateurs les plus jeunes, comme s'ils en exagéraient les travers, et les recrachaient à la figure du corps social. « Vous voulez qu'on trace, et vous n'avez que ça en tête, semblent-ils penser. Eh bien, on va tracer, mais à notre manière et devant vous pour que vous assistiez au spectacle. » En effet, les ados ne se cachent pas pour boire, sinon de leurs parents ; ils s'affichent au contraire en ville, s'exposent dans la rue, canettes et bouteilles à la main, s'adonnant à de véritables libations sous le regard de tous, non sans marquer les traces de leur passage au petit matin en jonchant le sol de cadavres de bouteilles et de traces de vomissures.

Filles et garçons prétendent ainsi le week-end vouloir « se lâcher », « faire la fête », opposant ce besoin aux « prises de tête » du quotidien en semaine (exigences scolaires, ambiance familiale, peur d'un avenir incertain, manque de projets à réaliser, etc.). *Enfants du zapping*, ils veulent que le passage de la *retenue* au *lâchage* soit le plus rapide et efficace possible (d'où le recours à des alcools forts). Se débrancher, j'aurais envie de dire *se déconnecter*, pour ne plus être, le week-end, en prise directe avec les obligations et les soucis habituels et ce, le plus radicalement possible. Les ados de la génération numérique sont en effet habitués à obtenir des sensations fortes en un temps record – à l'instar du fameux double-clic de souris – et ils veulent ressentir ces *effets de déconnexion* aussi rapidement que lorsqu'ils quittent une application informatique.

Entre écarts et déchirures

Pour apprécier où en est l'ado par rapport à ces débordements, il convient de faire une différence entre les écarts de conduite propres à l'adolescence et les grands écarts avec risque de « déchirure ». Lorsque ce sont ses amis qui le ramènent à la maison dans un état pitoyable, c'est qu'il a été plus loin que les autres. Il faut être capable de le reconnaître. Dès lors, il est impératif de lui manifester vivement notre inquiétude, notre peur qu'il lui arrive malheur et notre conviction qu'il a des raisons pour se mettre dans un tel état, qu'il faudrait les explorer, sinon avec les parents du moins avec l'aide de quelqu'un. Avoir le lendemain une discussion sur ce sujet permet calmement d'analyser sa conduite. Durant cette discussion, évitons la leçon de morale et soyons capables de distinguer l'alcool festif (comme les parents le pratiquent aussi) de l'alcool ingéré comme moyen de se couper de la réalité ou de ses angoisses. Lors de la sortie suivante, on demandera davantage de garanties sur les conditions dans lesquelles se passera la soirée et comment l'ado envisage d'y participer (sans se déchirer). Si les choses se répètent sans changement, c'est le signe d'un malaise important et d'un rapport compliqué avec l'alcool, qui mérite la prise en compte et une consultation dans un service pour ados. Non pas pour l'amener à être « corrigé », mais pour mieux comprendre pourquoi il fait cela. Quant à nous, parents, c'est l'occasion de revisiter notre propre rapport avec l'alcool.

Chaque fois que possible, il faudra utiliser les comportements des voisins ou des amis comme occasion de parler des dangers de l'alcool (accidents, agressions, etc.), ou des faits divers de l'actualité pour aborder la question : « Comment fais-tu, toi, pour réduire ce risque ? Si ton meilleur ami est ivre, que fais-tu ? Tu lui enlèves les clés de son scoot ? Que lui dis-tu ? » Les ados sont très sensibles à l'attitude entre pairs. Ce qui se passe dans leur groupe d'amis ne les laisse jamais indifférents. Pas question de stigmatiser, mais de souligner le risque de se faire mal. Et accepter de garder les yeux ouverts par rapport aux provocations dont l'ado n'a pas toujours conscience. Par exemple, le voilà qui laisse la porte de sa chambre grande ouverte sur un désordre innommable.

Sans y pénétrer, depuis le seuil, un parent peut y voir au beau milieu un cadavre de bouteille de blanc ou de vodka, ou encore des canettes de bière vides à moitié cachées sous le lit. Comme si l'ado laissait à son insu un indice révélant sa problématique. Rentrer ivre, laisser traîner des bouteilles d'alcool, sont autant de manifestations qui attendent une réaction. Les parents pourraient être tentés d'interdire les prochaines sorties lors d'un débordement. Ce n'est pas forcément la bonne idée. Toute interdiction trop radicale va susciter l'envie de mentir, de dissimuler, de manipuler. Il vaut mieux miser sur la confiance, laisser l'ado sortir et évaluer avec lui les limites qu'il se sent capable de tenir afin de pouvoir en discuter après. Ce qui compte à ses yeux, c'est que l'on se préoccupe de son comportement : cette attitude lui indique qu'on est vigilant, non pas pour l'empêcher de bouger, d'essayer, mais pour éviter qu'il lui arrive du mal. Dès qu'il le comprend, il a moins besoin de provoquer, de chercher à attirer l'attention.

Comment les adolescents s'arrachent-ils ? En semaine, ils quittent la vie familiale par la « fenêtre » d'Internet et, le week-end, ils sortent la nuit (le cas échéant, par la fenêtre de leur chambre) pour échapper au monde parental et se retrouver dehors, ensemble. Lors de ces regroupements festifs, l'alcool joue le rôle de liant et lève les inhibitions. À l'euphorie recherchée, s'ajoutent l'envie de partager des sensations fortes, la tentation de se situer parmi les pairs en (se) lançant des défis, y compris les plus risqués, et le plaisir de transgresser.

Et voilà une société qui prétend protéger ses jeunes d'un maximum de dangers, et qui les voit (hélas, sans trop réagir) s'exposer délibérément à des risques incontestables : les accidents de la voie publique (impliquant notamment les deux-roues), les chutes domestiques, les comas éthyliques qui drainent un nombre important d'adolescents vers les services d'urgence hospitaliers, le « week-end » (en fait, du jeudi soir au dimanche). Et bien entendu, les agressions, les actes d'incivilité et de vandalisme, et les relations sexuelles non consenties (ou non désirées) liées à l'abus d'alcool souvent associé à d'autres substances psychotropes.

Jeux d'alcool, jeux dangereux

Les parents doivent savoir que les défis et jeux d'alcool fleurissent sur le Net au gré de l'inventivité adolescente et des progrès des technologies numériques. Leur existence est en général éphémère, vite balayée par telle ou telle « nouveauté » (issue du buzz, d'une astuce technologique ou tout simplement de la créativité d'un jeune internaute). En l'espace de quelques mois, les ados sont déjà passés à autre chose. Il est important de se tenir au courant de l'évolution des modes et courants, sans camper sur nos certitudes et nos connaissances de notre propre jeunesse qui, ne l'oublions pas, n'a strictement rien à voir avec la leur. Ça bouge, ça change ; aller sur Internet, regarder des docs et ne pas hésiter à solliciter l'ado pour se faire expliquer comment se passe une fête, voilà une attitude adaptée.

Ainsi, les jeux d'alcool sont devenus, hélas, des classiques. Ils participent du phénomène d'alcoolisation massive aiguë, et consistent pour la plupart à lancer des défis relayés par des vidéos publiées sur le Net. Leur diffusion est évidemment amplifiée par les réseaux sociaux. L'objectif est de montrer de quoi on est capable, et de se faire reconnaître, c'est-à-dire chercher à devenir le plus « populaire » possible, statut assuré par exemple par le nombre de *Like* sur un statut Facebook.

Parmi ces jeux, la *neknomination* s'est fait connaître en 2013, après plusieurs décès d'adolescents liés à un coma éthylique dépassé. Elle s'est répandue en France en 2014, mais elle semble aujourd'hui déjà un peu « usée » (on aurait envie de dire « éventée »), en tout cas sous cette forme – ce qui est le sort des jeux de défis dès qu'ils ont connu un grand succès.

Le mot *neknomination* est formé de l'anglais *neck*, « cou » – pour *neck your drink*, dont l'équivalent argotique français pourrait être « s'en jeter plusieurs (verres) derrière la cravate », c'est-à-dire boire cul sec le plus possible d'alcool et se filmer en train de le faire, puis le publier sur Internet. Une fois sa vidéo diffusée sur les réseaux sociaux, le « défié » peut à son tour désigner (*nomination*) des personnes pour les mettre au défi de faire mieux ou au moins la même chose.

Le danger de ces « jeux » est évident. Accidents, chutes et comas sont des conséquences tragiques de l'ivresse massive aiguë. Le risque est aggravé par le phénomène de groupe (entretenu par le réseautage internet) qui crée les conditions d'une émulation pouvant inciter les jeunes réputés « casse-cou » à aller le plus loin possible dans l'ivresse, pour montrer de quoi ils sont capables et recueillir en conséquence des mentions indiquant combien ils sont « populaires ». Les adolescents les plus jeunes (tous connectés, n'en déplaise à leurs parents) peuvent ainsi « jouer aux grands ». Ce qui est en effet nouveau, et qui inquiète, c'est de voir la part des moins de 15 ans, au sein de cette population, augmenter considérablement. Au tout début, ce type de comportement était l'apanage des écoles de commerce qui faisaient des fiestas alcoolisées. Il y a eu ensuite les lycéens. Aujourd'hui, cela touche les collégiens.

Comment interpréter ce glissement ? La planète ado est une nébuleuse qui attire les plus jeunes de plus en plus tôt. Et cela touche le look, les postures et les pratiques. Les différences s'estompent. Les ados.com se ressemblent de plus en plus. Si bien que les patrons de discothèque nous disent leur impuissance quant à leur capacité à sélectionner réellement ceux qui sont majeurs des mineurs. Ils ont le même look, les mêmes codes, les mêmes comportements… Et donc la même consommation d'alcool. Boire cul sec est désormais populaire dès 13 ans ! Boire la même chose que les autres, c'est aussi « être branché », comme on peut l'être avec le look, la musique, la fréquentation des réseaux sociaux, etc. Il faut sacrifier aux standards de la mode qui deviennent des codes d'appartenance. Les jeunes ont un énorme besoin de « faire corps » entre pairs. Faute de pouvoir s'affilier à des causes idéologiques, humanitaires ou religieuses, certains se cherchent une autre affiliation. Devenir « populaires » dans un groupe d'appartenance – fût-il déviant – leur donne une place, raffermit leur identité en leur donnant l'importance dont ils manquent (ou croient manquer) dans leur entourage.

Les jeux d'alcool auxquels se livrent les jeunes sont aussi

une réplique aux standards d'une société d'hyperconsommation (« hyper » appartient d'ailleurs au vocabulaire des grandes surfaces). Les ados s'emparent de codes de consommation pour les transformer en codes de reconnaissance. Bien rigoler en voyant un copain complètement soûl en train de boire dix verres de vodka dans sa vidéo, « ça le fait ». Voir une amie en train de danser en culotte sur une table, « ça le fait ». En cela, ils manifestent également un besoin de « lâchage ». Comme s'il fallait inventer des codes pour s'affranchir des contraintes, celles de la pression du collège, du lycée, de la fac, accepter la dynamique familiale, se plier à diverses exigences. La vodka est le premier alcool fort consommé par les jeunes, aux côtés de la bière. Côté drogues douces, c'est l'herbe qui est privilégiée, parce qu'elle est moins chère.

L'ivresse autorise l'oubli, c'est-à-dire surtout le non-respect de certains codes, et au sein du groupe d'ami(e)s où chacun se sent suffisamment entouré pour se permettre divers excès, beaucoup d'adolescents se rendent compte trop tard qu'ils ont trop bu et déjà dépassé les bornes. C'est en même temps (souvent en partie à leur insu) une manière pour eux de « tester » les limites en société, de les confronter à celles de la famille et d'observer comment le corps social cherche à les protéger et à les contenir, avec une dimension provocatrice qui n'échappe à personne. Dans de telles circonstances, certaines situations potentiellement dramatiques doivent leur dénouement favorable à l'intervention des amis et à la vigilance des professionnels de la nuit, mais d'autres laissent au contraire les jeunes enivrés livrés à eux-mêmes, parfois dans le coma – leur entourage craignant d'être impliqué à titre de témoins.

Parmi ces jeunes, environ 15 % (soit un adolescent sur sept) sont réputés pousser la consommation jusqu'au bout de la nuit, et le faire de façon répétée. D'une manière ou d'une autre, ils s'en rendent « malades » et sont en général *bien connus de nos services* ou en passe de l'être, car ils se mettent régulièrement en danger, y compris de façon consciemment suicidaire (80 % des jeunes suicidants admis dans mon service ont des antécédents récents dits « festifs » poussés à l'extrême). Et le fait qu'ils boivent des quantités importantes d'alcool sans se cacher doit être interprété comme une forme d'appel à l'aide qui ne dit pas son nom, un irrépressible besoin tout à la fois d'être reconnus comme « en souffrance » et contenus par des limites nettes et précises du corps social.

Quelle prévention est possible et efficace ?

La vente d'alcool à des mineurs doit être perçue comme une limite véritable, même si les jeunes savent se procurer diverses substances de manière illicite. C'est la butée nette de la loi qui marque la limite et qui définit la position des adultes en charge des jeunes. Cela étant dit, en pratique, demander la carte d'identité d'un mineur qui achète de l'alcool a les limites que l'on connaît : d'une part, il est souvent difficile d'évaluer l'âge des ados en fonction de leur apparence ; d'autre part, il y a toujours dans leur entourage un copain majeur prêt à « aller faire le plein ». Par ailleurs, les jeunes sont assez « étanches » aux programmes de prévention dits classiques en milieu scolaire qui ne parlent que des dangers de l'alcool à court, moyen et long termes. Ils en retiennent pour l'essentiel que le conducteur d'un véhicule doit être sobre, qu'ils doivent rester groupés et entre amis pour boire en confiance et éviter ainsi – croient-ils – les gros problèmes.

Mon opinion est que toute véritable politique de prévention doit s'assortir d'une répression juste, mesurée et réellement appliquée dans les faits, en réponse aux écarts, manquements et délits commis. En ce qui concerne les usagers d'alcool sur la voie publique, le seul « rappel à la loi » et la simple obligation de vider le contenu des bouteilles me semblent des réponses insuffisantes. En dehors des états nécessitant d'emblée des mesures médicales, en ville, de jour comme de nuit, il m'apparaît indispensable que les forces de police soient en mesure d'appréhender tout individu s'enivrant sur la voie publique, et qu'elles conduisent cette personne au poste – a fortiori s'il s'agit d'un jeune sans papiers d'identité sur lui, afin que ses parents soient contraints de venir le chercher et de régler l'amende correspondante.

Contrairement à ce que l'on croit, les jeunes ne seraient pas étonnés que l'on durcisse à ce sujet les réponses affirmant le respect civique des règles et des lois. Non seulement les ados en dérive attendent qu'on les reconnaisse et qu'on les contienne, mais tous les jeunes de leur âge voient dans cette attitude responsable des adultes l'assurance que ces derniers sont bien garants de leurs espaces d'évolution. Quoi qu'en disent les adolescents, les contrôles d'alcoolémie et la répression de l'ivresse publique ont, sur eux, une portée éminemment rassurante et contenante.

On devrait pouvoir compter sur la solidarité des parents, et pour améliorer celle-ci des mesures de sensibilisation et d'accompagnement doivent sans doute être accentuées de la part des organismes de prévention. Sans attendre l'alerte rouge du coma éthylique, les petites et les grandes ivresses appellent une réaction de la part des parents assortie de mesures concrètes, tout comme la consommation quotidienne d'alcool « en cachette » dont les indices flagrants d'une perte de contrôle dans l'excès et l'assuétude les somment d'intervenir.

Quelques conseils aux parents

Ne pas laisser un ado de moins de 16 ans « fêter son anniversaire » en le laissant seul dans l'appartement ou la maison. La présence d'un adulte à proximité est indispensable.

Lorsque son ado veut se rendre à une « fête », exiger de connaître le lieu, avec qui, le moyen de transport, s'assurer de l'accord des parents (s'il se rend chez des particuliers) et trouver un compromis horaire. Ne pas le laisser partir en emportant ostensiblement de l'alcool.

Savoir que l'ado peut toujours mentir mais que ces exigences parentales le rassurent.

Avoir régulièrement des échanges à ce sujet, en critiquant de préférence le comportement de jeunes inconnus lambda plutôt que les amis de « son » ado, et en mesurant sa capacité de discernement ; pratiquer également le débriefing « à froid » pour comprendre tel ou tel débordement.

Avoir à l'esprit que l'ado a besoin qu'on lui fasse confiance (mais dans une certaine mesure) et qu'il veut plus que tout être reconnu dans sa place, ses projets. Il faut aussi lui offrir de véritables *espaces d'évolution*, miser sur ses compétences plutôt que sur ses insuffisances.

6

Prises de tête et petites fumettes

S'il y a quelque chose que nos adolescents détestent, c'est bien de *se prendre la tête*, ils sont assez anxieux comme ça ! Et le goût du risque, ils l'ont sans problème… mais sans avoir trop d'efforts à fournir. Il faut que *ça passe ou que ça casse*, sans délai ni à-coups, avec le minimum de détours à négocier. « Moi, quand je fais un truc genre du skate sur les boulevards, dit Jordan, 17 ans, faut que les bagnoles roulent… Quand les feux sont trop longs, c'est galère pour passer au milieu… En "scoot", c'est pareil… » Bref, *quand ça ne roule pas, c'est « prise de tête »*. Rappelons au passage cette règle essentielle : pour décoder les attitudes et les comportements des ados, jongler avec le sens concret ou abstrait des mots peut nous éclairer. Les ados n'ont pas conscience que ce qu'ils mettent en actes est en général une tentative d'adaptation ou de contournement d'un problème qui leur est posé *exactement dans les mêmes termes, mais au sens propre ou au figuré*. Ainsi, beaucoup de jeunes « se prennent la tête » avec un quotidien fait de pressions et d'injonctions adultes destinées à les protéger (« Travaille bien à l'école », « Ne te mets pas en danger »), mais aussi de réalités et perspectives peu engageantes (les parents se déchirent, les stages et les CDD sont durs à décrocher, la planète bleue sent le roussi, etc.). Et certains adultes ironisent à propos de ces « problèmes » censés n'être rien en comparaison des générations qui ont connu la guerre, la famine et les grandes épidémies.

Ce que ne comprennent pas ces adultes, c'est justement que la question de l'engagement se pose avec acuité pour les ados d'aujourd'hui. Ils ne se sentent *vraiment* concernés ni par la guerre ni par les idéologies. Ils sont par principe « contre » la violence, le manque de liberté, les grandes injustices, mais ne se mobilisent que lorsqu'une « cause » force la réaction comme dans les mouvements solidaires de masse « Je suis Charlie » ou « Pray for Paris ». Le reste du temps, ils ont tendance à zapper les actualités et leur cortège de misères humaines. Et le manque de croyances (au sens fort du terme) les laisse démunis. En Europe, les enfants du djihad se recrutent parmi les ados qui souffrent le plus de difficultés identitaires, et qui cherchent à trouver un sens à leur vie dans un engagement aussi extrémiste qu'exotique et risqué.

Ados pressés, ados stressés

La *prise de tête*, la plupart des ados vont la débrancher à leur manière : ils ne se connectent qu'entre eux via des réseaux numériques échappant encore largement aux adultes, et font tout pour se déconnecter du monde adulte le plus souvent possible : en ignorant superbement ses us et coutumes (y compris dire spontanément bonjour, se mettre à table en famille, déambuler en compagnie des parents...), en zappant les infos qui ne les concernent pas, et en recourant aux consommations synonymes de lâchage, puisque le seul registre d'où personne ne semble vouloir les écarter, c'est celui de la consommation à outrance. Gavés depuis leur plus tendre enfance d'anticipations parentales de leurs désirs et plaisirs supposés, élevés dans le refus du manque, de la privation et du différé par peur qu'éprouvent leurs géniteurs de ne pas leur donner l'amour qu'ils méritent (et même de risquer de se faire « désaimer » par eux en cas de flagrant « délit de manque »), nos ados sont des *enfants de la consommation*.

Ils ont rapidement appris à se servir (l'ère du *self*), sont tout entiers tournés vers l'obtention de plaisirs immédiats et de sensations vite procurées – tant sur le plan alimentaire (que dit d'autre le mot « fast-food » ?) que dans tous les domaines où l'on peut ingurgiter *à loisir* des histoires en images (séries, vidéos) ou des nouvelles de ses semblables (SMS, selfies, réseaux sociaux), et contribuer à enrichir soi-même de telles productions. Et puisque les adultes désirent tant qu'ils restent sages comme des images, eux iront affirmer leurs différences en flirtant avec la dérision (le succès des vidéos de *Norman* et *Cyprien* l'atteste), la fête en forme de débridage collectif (les adultes semblent tristes et résignés) et la transgression plus ou moins appuyée (se soumettre, c'est se démettre).

La tête, les ados vont se la prendre autrement, en usant et abusant de substances destinées à « s'arracher » et à « se lâcher », c'est-à-dire s'autoriser des comportements débridés, « relâcher » les pressions subies du quotidien, *et aller voir dans ces états s'ils existent davantage ailleurs.*

L'alcool, avec ses *shooters*[1] avalés coup sur coup, tient, on l'a vu, le haut du pavé. Quant au cannabis, sa consommation ne cesse d'augmenter, surtout sous la forme de marijuana à fumer. Soulignons d'abord que le premier nuage dans lequel les jeunes veulent se retrouver est celui du tabac et ce, de plus en plus tôt. *Fumer* (des cigarettes ou des joints) n'a plus aujourd'hui pour principale « aspiration », pourrait-on dire, d'éprouver les frissons de la transgression. Ce n'est pas le goût du risque sur le bout de la langue qui anime les ados, mais plutôt l'envie de *faire corps* entre potes, à l'écart du collège ou de la maison. Quant aux risques à trente ans dont parlent les campagnes de prévention, ils ne les envisagent même pas. Comment pourraient-ils, à 15 ou 16 ans, se projeter aussi loin ? Sur l'inquiétant constat de la « tabagie adolescente », je me demande d'ailleurs qui conseille les autorités sanitaires et quelles connaissances ces personnes ont des mentalités et des modes de vie des jeunes. Ainsi, croire qu'en rendant hideux et dépourvus de marques les paquets de cigarettes vendus par les buralistes, on améliore la prévention du tabagisme, est une illusion totale. Sachant que beaucoup d'ados fument des cigarettes de contrebande

1. Cocktails contenant 25 ml et 100 ml d'un (ou plusieurs) alcool(s) fort(s) (vodka, gin, rhum…), avec ou sans ingrédients non alcoolisés (sirop, jus, soda, lait) ou boissons « énergisantes » destinées à « tenir » plus longtemps. L'acronyme du cocktail Téquila-Gin-Vodka (TGV) en dit long sur le train des prises et la rapidité avec laquelle les shooters vont défiler.

ou qu'ils se les roulent eux-mêmes, il vaudrait mieux renforcer l'usage de la cigarette électronique qu'aucune étude sérieuse ne peut à ce jour condamner en termes de nocivité pour le fumeur et l'entourage (comparé aux goudrons cancérogènes), alors que les autorités en réduisent l'usage.

L'herbe du diable et la « petite fumette »

L'évolution de la consommation de cannabis est suivie de près par différentes enquêtes dont celles menées depuis une quinzaine d'années par l'OFDT (Observatoire français des drogues et des toxicomanies) ou en lien avec cet organisme public. Ainsi, selon l'enquête ESCAPAD[1] qui interroge régulièrement les adolescents âgés de 17 ans, un sur deux a déjà consommé du cannabis, un sur dix en fait un usage régulier (chiffres 2014). Chez les jeunes hospitalisés au centre Abadie pour conduites suicidaires, cette proportion passe respectivement à 90 % et 60 %.

Les ados consomment le cannabis essentiellement sous la forme d'« herbe », c'est-à-dire de marijuana composée des feuilles supérieures de la plante et surtout de ses fleurs séchées, mélangées ou non à du tabac, et fumée en joints. La teneur en principe actif, le THC[2], est aujourd'hui beaucoup plus forte, pouvant aller jusqu'à 30 %, du fait des

1. Enquête sur la santé et les consommations lors de l'appel de préparation à la défense – appelé aujourd'hui « journée défense et citoyenneté ».

2. Tétrahydrocannabinol.

cultures pratiquées « scientifiquement » sous serre dont certains modèles miniatures domestiques peuvent facilement s'acheter sur le Web.

L'engouement pour l'herbe s'explique par la conjonction de plusieurs facteurs. Cette drogue reste considérée comme « douce » (malgré les effets hallucinatoires puissants qu'elle peut induire lorsqu'elle est fortement titrée en THC), ce qui, en particulier, ne rebute pas les jeunes consommatrices qui en font un usage exclusivement festif ; les autres, ceux qui cherchent la « défonce », sauront la trouver avec de l'herbe très « chargée » et en « collant des douilles[1] ». L'herbe apparaît « non chimique », donc éloignée des « médocs » – entendons les médicaments psychotropes. Les ados se veulent écolos, proches de la nature, « pour » une planète propre puisque l'on ne cesse de leur répéter qu'elle est totalement polluée. Ils ne sont pas à un paradoxe près car, d'une part, fumer pollue et, d'autre part, ils ne rechignent pas à goûter aux drogues hyperchimiques (les fameux « RC », voir plus loin). Nombreux sont ceux qui ont le sentiment que ce n'est pas grave de prendre de l'herbe ; ils renvoient souvent aux adultes qu'ailleurs (notamment dans certains pays euro-

1. En argot, et par analogie avec la pièce d'une cartouche d'arme à feu, une douille désigne initialement le réceptacle de métal cylindrique qui se fixe sur la pipe et sur lequel on dépose le cannabis. Par métonymie, elle désigne aussi le mode d'usage de cannabis associé à l'outil, lorsque les consommateurs veulent obtenir plus d'effets et l'emploient sur une pipe à eau plus ou moins artisanale (*bang*, en argot). On rencontre notamment les expressions : « (se) coller une douille », « se taper une douille ».

péens et dans certains États des États-Unis), on cultive légalement le cannabis et qu'il y a un usage médical de cette plante (pour atténuer les douleurs chroniques de certains cancers, augmenter l'appétit chez les patients atteints de nausées dues au sida ou aux maladies chroniques).

D'autre part, fumer des joints est aujourd'hui très facile en société : tout écolos qu'ils sont, les ados sont, on l'a dit, de grands fumeurs de tabac (un sur trois selon ESCAPAD 2014, 90 % dans la population du centre Abadie) ; ils fument *dehors*, devant le collège ou le lycée (sans exagérer, l'odeur de cannabis se sent à 100 mètres de certains établissements), sur le balcon de l'appartement où se déroule une fête (ce qui explique le nombre d'accidents dits pudiquement « domestiques » par chute d'un lieu élevé), en attroupement devant les bars (le *must* : un verre dans une main, un joint dans l'autre), ou en marchant à plusieurs lors de *treks* urbains pouvant durer toute la nuit. Toutes ces pratiques sont facilitées, car ils sont nombreux à rouler leurs cigarettes à cause du prix élevé des paquets « officiels » vendus par les buralistes, et n'attirent donc pas l'attention en se promenant avec des sachets de tabac en vrac et des feuilles de papier à rouler (commodes pour fabriquer les joints) ; s'ajoutent à cela les frissons de la transgression, puisque les mêmes ne reculent pas devant le trafic de paquets de cigarettes de contrebande (ce qui d'ailleurs fausse en soi les chiffres de la consommation estimée à partir des seules ventes de buralistes). En groupe, la convivialité est au rendez-vous, et le cannabis apaise les tensions : « On se la joue cool », dit Sébastien, 16 ans, dont l'avachissement soigneusement étudié (postures d'échouage et jean tombant aux fesses) exprime une attitude qui « laisse tout pisser », comme il le déclare lui-même, tandis que sa coiffure « en pétard » signale tout à la fois l'explosif qui sommeille en lui et « l'Indien » qu'il pense être ; se passer un joint a d'ailleurs un côté « calumet de la paix » qui renforce l'appartenance (ceux qui fument *versus* ceux qui ne fument pas), permet de « faire corps » en composant un nuage collectif dont l'odeur est en quelque sorte l'enveloppe explicite. À l'heure des faillites idéologiques, fumer du cannabis est un repère identificatoire : « Comme ma mère, je suis une baba chic », déclare Vanessa, une adolescente de 15 ans par ailleurs « très nostalgique » des années *peace and love* qu'elle aurait tant voulu connaître.

À côté des usages récréatifs et festifs en groupe, la consommation individuelle n'est pas moins fréquente : si la défonce en solo concerne les ados en mal-être, beaucoup de jeunes sont stressés et ont besoin de s'évader, de se détendre, de relâcher la pression, notamment le soir. Ceux-là fument au lit pour mieux s'endormir, « tout en matant une série bidon » précise Alexandra, 16 ans.

Quant à l'expérimentation d'autres drogues, en dehors du cas des jeunes toxicomanes, elle est rare (3 %) et généralement réservée à des consommations festives. Cependant, l'usage de la cocaïne progresse, tant chez les filles que chez les garçons, ainsi que la consommation de MDMA/ecstasy[1] en milieu « techno ». En progression également l'expéri-

1. L'ecstasy ou MDMA pour 3,4-méthylène-dioxy-méthylamphétamine est une amphétamine. Selon l'OFDT, sa consommation a doublé entre 2011 et 2014.

mentation de DPS, nouveaux produits de synthèse (appelés « RC » pour *research chemicals* par les usagers), vendus sur Internet.

N'oublions pas les médicaments psychotropes trop souvent prescrits aux ados et de manière abusive, amenant les plus en difficulté à en faire la composante de cocktails de défonce (avec l'alcool).

Parents désemparés, comment réagir ?

La question de la consommation de cannabis n'est pas simple à gérer pour les parents d'aujourd'hui. D'une part, cette drogue circule abondamment et tous les ados sont en contact avec des consommateurs et des revendeurs devant les établissements scolaires, et d'autre part, la banalisation qu'en font nombre d'adultes, les opinions scientifiques disparates, et les incohérences politiques à ce sujet, banalisant à outrance ou au contraire dramatisant la situation, doivent amener les parents à avoir sur le sujet une position tempérée. Pas comme Hervé, le père d'Adrien (17 ans) qui a son fils en garde alternée, qui reconnaît « fumer [du cannabis] avec lui pour faciliter les échanges », et qui assume « d'acheter lui-même l'herbe pour être sûr de la qualité... ». Les parents copains ou complices doivent abandonner cette position délétère qui inquiète davantage qu'elle ne rassure les enfants qu'ils ont en charge. On ne favorise pas le dialogue par l'ivresse ou la défonce, et ce n'est certainement pas cela qu'attendent les ados de la part de leurs parents. Là encore, comme pour l'alcool, il est important de pouvoir discuter calmement des effets des drogues, en particulier au sujet du cannabis à forte teneur en THC. Il faut apprécier ce que les ados risquent vraiment et par ailleurs déterminer quel usage ils veulent en faire (se calmer, se détendre, partager avec les copains, rigoler, etc.). En ce qui concerne la présence de cannabis à la maison, l'attitude doit être claire : pas de tolérance. Et quand bien même cette drogue sortirait de l'illégalité par choix politique, elle resterait une substance psychotrope ayant – comme les médicaments anxiolytiques et les antidépresseurs – des effets neurochimiques tels qu'il serait incohérent de laisser l'ado en détenir et en consommer comme bon lui semble.

Si l'on en trouve au fond d'une poche, ou que l'ado en oublie sur une table, il faut interpréter cela comme s'il cherchait à en parler de manière inconsciente. Il est alors impératif d'aborder la question et ne pas faire comme si l'on n'avait rien vu. Sans le juger, évaluez l'usage qu'il en fait (s'endormir, se détendre, se calmer) – pratique très différente de l'usage festif. S'il s'avère, après discussion, que l'ado est un usager habituel, il faut alors aborder la question de l'addiction. S'il ne peut s'en passer, il est *addict*. Peut-être faudra-t-il l'accompagner vers un dispositif d'aide spécifique [1]. En tout cas, comme avec l'alcool, la punition n'est pas un bon levier pour faire changer une pratique déviante. C'est ce qu'on attend d'un juge ou d'un douanier, qui doit sanctionner, interroger, enquêter. Pas de la part des parents. Ils doivent plutôt montrer qu'ils prennent la mesure de cette conduite mais qu'ils veulent aider à en comprendre le sens.

1. Drogues-info-service.fr

Supprimer l'argent de poche, interdire la fréquentation de tel ou tel ami, ne sont pas de bonnes solutions. En revanche, annuler une sortie est une réponse possible en cas de refus de changement d'attitude, parce que la sanction est proportionnée et surtout pas définitive. Il s'agit d'avoir une attitude éducative et non répressive. L'ado n'agit pas contre les parents, il ne fait pas ça pour s'opposer mais pour rejoindre la planète ado et pour certains, « s'automédiquer » pour lutter contre ses angoisses ou contre sa dépression.

7

La viande du sexe

« La chose », qui désigne spécialement et par euphémisme l'acte ou l'organe sexuel depuis le XIIe siècle, est ignorée en ces termes par les ados d'aujourd'hui. Ils n'en restent pas moins flous que leurs aînés sur ce sujet sensible, et en dehors des grossièretés langagières et des insultes, leur évocation préférée du *sexuel pur*, sous-entendu sans sentiments, s'appelle le « plan cul ». Comparés aux générations précédentes, la plupart des ados paraissent très libérés en matière de sexe. En réalité, cette « libération » mérite d'être explorée. Commençons par ce qui n'a pas changé au niveau des pratiques sexuelles : la masturbation reste en général intime et secrète, et l'âge du premier rapport abouti (la « première fois ») se situe toujours autour de 17 ans. Les *changements* concernent les « préliminaires » (fellation, cunnilingus) qui s'expérimentent plus précocement, et dont la pratique est banalisée à un point proprement stupéfiant, y compris « entre potes » comme le souligne Amandine, 15 ans. Quant aux *bouleversements*, ils concernent les représentations, du fait de la libre circulation des images dès le plus jeune âge, et la fréquence des prises de risque inconsidérées à l'adolescence (rapports non protégés, grossesses non désirées) dont j'indique l'ampleur au chapitre 4. Les ados ne reconnaissent pas le *goût du risque* en matière de sexe, préférant miser sur la confiance et regretter ce qu'ils appellent les « dérapages » attribués le plus souvent à l'alcool. Mais ils admettent facilement, en revanche, « bien connaître » – à travers les écrans pour la plupart – les conduites de l'extrême sur le sujet, ce que j'appelle le commerce de la viande du sexe – celui des chairs exposées prêtes à consommer, qu'il s'agisse de la *pornographie* ou de la *prostitution*. La pornographie peut se définir comme l'ensemble des représentations en images des ébats sexuels, proposé à la vente directe ou indirecte (publicités, accroches diverses et variées). La prostitution s'applique aux activités correspondantes en chair et en os, contre rétribution. Les deux domaines sont liés. Le mot « pornographie », aujourd'hui abrégé en « porno », dérive du grec *pornê*, « prostituée », et a signifié « traité sur la prostitution ». D'abord définies à propos du commerce des « femmes marchandises », la pornographie et la prostitution se déclinent, en réalité, tant au masculin qu'au féminin, et quelle que soit l'orientation sexuelle. Il s'agit dans tous les cas de *consommer* – en chair ou en images – des corps vendus pour satisfaire l'appétit sexuel de celles et ceux qui s'en régalent. Une chosification qui n'est pas sans *intéresser* au sens fort (pour s'en complaire ou s'en offusquer) les adolescents dont le corps pubertaire s'agite et semble vouloir échapper à l'esprit, lui-même violemment bousculé par les pulsions sexuelles.

Classe « tout X »

Les photos et revues pornos circulant sous le manteau, surtout entre garçons, ne datent pas d'hier. Marquées par les tabous de l'époque, celles qu'ont connues les parents et grands-parents de nos ados étaient très « conventionnelles » – entendons hétéros et misogynes, centrées sur la femme-objet soumise au désir de l'homme et, parfois, d'une lesbienne généralement très masculine.

L'évolution des mentalités et des modes de vie, en lien avec l'essor des sciences et des techniques, a changé la donne : les images pornos circulent sur Internet, quasiment en libre accès puisque les « verrous » interdisant les sites concernés sont facilement levés, et l'ouverture sociale en marche à propos de l'orientation sexuelle multiplie les déclinaisons hétéro-, homo-, bi- et transsexuelles. Ce n'est pas la seule différence avec hier. Le corps est, certes, toujours chosifié, les scénarios pornos restent affligeants de médiocrité, mais la *violence* est aujourd'hui plus que jamais au-devant de la scène. Violence des images, à travers les vues crues et sans détour des orifices, des protubérances et des saillies du sexe. Images violentes, à travers des scènes de viol collectif et de forçages perpétrés sans limites, notamment par des prédateurs sexuels abusant d'enfants, de jeunes hommes et de femmes de tous âges.

Quel impact ces visions reléguant presque les outrances de Sodome et Gomorrhe[1] au rang de curiosités lubriques ont-

1. Allusion biblique aux villes de Palestine jadis châtiées en raison de la luxure et de la corruption qui y régnaient.

elles sur les jeunes ? Le premier problème est celui de la précocité avec laquelle ceux-ci plongent littéralement, grâce au Web, dans les images X les plus *hard*, à un âge où ils ne sont pas prêts à faire la différence entre sexe et sexualité. Autrefois, dans les cours d'école, les « grands » montraient rarement aux « petits » les photos pornos, usant du prestige de connaître ce que ces derniers ne savaient pas encore. Et les films ou les vidéos ne se visionnaient que dans les salles de cinéma spécialisées ou, à la maison, sur les écrans contrôlés par les adultes. Aujourd'hui, *pratiquement tous les adolescents* ont déjà regardé de telles images, dans des versions dépassant l'entendement, et souvent avant 8-10 ans. Leur crudité est, en soi, d'une très grande violence, car si l'enfant peut accéder à l'idée de meurtre (notamment à travers les médiations animales), il confond les accouplements sexuels humains avec des actes de torture et de barbarie. *Scène primitive* d'ailleurs impensable à concevoir en ce qui concerne ses propres parents.

S'agissant de ces derniers, que doivent-ils faire s'ils surprennent leur ado à regarder un film porno ? L'idéal, bien sûr, est de ne jamais surprendre son ado, car cette situation est souvent synonyme d'intrusion dans son espace privé. Mais si c'est le cas, il faut donner l'impression de n'avoir rien vu, puis à distance de cet épisode, susciter une discussion sur le thème de la différence entre l'amour et la pornographie et prendre clairement position en tant qu'adulte sur le fait que la sexualité n'est pas une histoire d'organes qui copulent, et que les relations sexuelles ne sont souhaitables et épanouies qu'en échange de sentiments, amoureux ou pas. Car même si l'ado, pour satisfaire ses pulsions, s'adonne à ces visionnages pour s'exciter, le positionnement parental se référant aux mots-clés « sentiment », « amour » et « sexualité », donne une limite, un repère et un objectif souhaitables.

D'autre part, les performances et la dimension des organes des acteurs du X ont une influence défavorable sur les représentations qu'ont les jeunes adolescents des relations sexuelles. Les filles ont peur d'avoir très mal, les garçons craignent de ne pas être à la hauteur. Les vidéos *hard* circulant sur les réseaux sociaux, très stéréotypées, relayent ces peurs et dictent en quelque sorte des conduites à tenir : se montrer brutal, pousser des cris et des vagissements de jouissance, s'effondrer ensuite. L'ensemble apparaît autant excitant qu'inquiétant. Cela contribue peut-être à expliquer le « succès » qu'ont les fameux *préliminaires*, familièrement abrégés en « prélis », s'offrant à la fois comme prémices et alternatives dès l'âge de 14-15 ans. Et pour celles et ceux que les relations abouties n'effrayent pas (ces ados ont, le plus souvent, un ou deux ans de plus), le non moins célèbre « plan cul » vise à s'offrir les plaisirs du corps, « sans se prendre la tête côté cœur » – ainsi que le résume Oriane, 17 ans. En d'autres termes, miser sur les sensations pour s'épargner les aléas des sentiments. Se lâcher dans le pulsionnel, puisque de toutes les façons le corps pubertaire *n'en fait qu'à sa tête*, mais garder si possible la maîtrise de la vie émotionnelle. Ou bien, à l'inverse et plus rarement de nos jours, investir la vie sentimentale et prôner l'abstinence sexuelle totale jusqu'à trouver le « grand amour ». Une rencontre à venir qui est attendue, mais qui fait également peur, sachant le destin futur des « conjoints » dans une société où un couple sur deux divorce ou se sépare.

Réfléchir aux échanges entre l'intellect, les émotions, les pulsions et les organes, plutôt que de cliver ces domaines et de se laisser abuser par les illusions de toute-puissance, repérer les violences du *hard* et celles inhérentes à la sexualité, reconnaître les élans du cœur et les égarements de la passion, de la possessivité, de la rupture sentimentale, du déni de la différence des sexes, pouvoir en discuter avec des adultes autres que les parents – tous ces points nécessiteraient davantage d'attention et de temps donnés en milieu scolaire au sein de l'éducation à la sexualité, en collège et au lycée. Sans perdre de vue que l'adolescence est aussi l'âge des provocations et des vantardises *n'engageant que ceux qui y donnent précisément corps.* En l'absence de signes inquiétants, tout n'est pas à prendre au pied de la lettre, et surtout mérite discussion. Les jeunes adorent horrifier les adultes par leurs discours décapants souvent illustrés sur les murs de leur chambre à l'aide de posters *hardcore* représentant, par exemple, des morts-vivants faisant l'amour sur une pierre tombale. Et ils s'attendent à ce que nous manifestions clairement notre réprobation et notre dégoût vis-à-vis de ces horreurs.

Enfants du numérique, les ados.com savent également chercher et trouver les infos qui leur manquent dans les domaines qui les intéressent, et c'est bien sûr le cas de la sexualité, quitte ensuite à donner le change dans un sens ou dans un autre : taire ce qu'ils font vraiment, ou rapporter des affabulations. Là encore, les propositions de dialogue avec eux, énonçant nos inquiétudes sans jugement expéditif, se révèlent judicieuses et souvent préventives. Ils consomment aussi des images pornos comme des friandises, à l'instar de Sandra, une de mes patientes âgée de 15 ans, qui organise régulièrement dans sa chambre – à l'insu de ses parents – des « soirées pyjama » avec quelques copines pour, dit-elle, « mater des films XXX en bouffant des bonbons qui pétillent, c'est trop fun ». Un comportement qui évite l'exposition directe aux dangers du sexe, et qui est peut-être destiné à s'adapter au déferlement actuel d'images choquantes, afin d'en faciliter leur métabolisation sans traumatisme [1].

Corps à vendre

On parle souvent de la prostitution (consentie ou forcée) de jeunes étrangers en situation irrégulière, ou encore de celle des étudiant(e)s cherchant à se vendre le week-end pour financer leurs études, mais le « commerce des chairs » semble toucher aussi les collégiens. Entre 6 000 et 8 000 mineurs se prostitueraient en France, selon l'association Agir contre la prostitution des enfants (ACPE). Dans les beaux quartiers autant que dans les banlieues défavorisées, les toilettes des établissements scolaires seraient de plus en plus fréquemment le théâtre de préliminaires sexuels pratiqués en échange d'argent, pour s'acheter un nouveau mobile, une tablette, du cannabis ou d'autres drogues. La vente par Internet serait

1. Puglia R. et Glowacz F., « Consommation de pornographie à l'adolescence : quelles représentations de la sexualité et de la pornographie, pour quelle sexualité ? », *Neuropsychiatrie de l'enfance et de l'adolescence*, 2016, sous presse.

également d'actualité, à travers les « locations » des *lover boys* – ces « mini-proxénètes » qui monnayent les charmes de leur copine auprès d'internautes inconnus ou de leurs propres amis (lors de « fêtes » très alcoolisées).

D'autres types de prostitution sont d'emblée tournés vers les adultes : des filles et des garçons qui se prétendent majeurs et qui passent des annonces sur les réseaux sociaux. Léa, 18 ans, que je suis en thérapie depuis trois ans, s'est prostituée dès l'âge de 15 ans sur des sites Web, pendant les deux années qui ont suivi son entrée en seconde. Elle raconte : « J'avais vraiment besoin de thunes. Je fumais beaucoup [du cannabis] et je prenais des tas de saloperies, des taz[1], tout ce qui traînait. En fait je voulais me défoncer, et des fois j'arrivais en cours complètement *stone*[2]… Il me fallait 60 euros par semaine minimum, mon père voulait rien me filer, juste il m'achetait mes clopes… Je chopais[3] facile, alors pourquoi pas m'en servir. C'est comme ça que j'en suis venue à sucer des mecs, et un peu plus tard à me faire sauter entre deux bagnoles. Comment j'ai fait pour [ne] pas ramasser le sida, j'en sais rien, sûrement ma bonne étoile, en tout cas maintenant tout ça c'est fini, je serai psychologue un jour… »

Les parents doivent savoir que la prostitution des jeunes existe et qu'il faut aussi pouvoir en parler. Il faut aborder le sujet de manière générale pour évaluer ce qu'ils en pensent, sans jamais pointer du doigt leurs ami(e)s, ce qui fermerait

1. Argot pour ecstasy (MDMA).
2. Être sous l'effet de la drogue.
3. Choper (ou le verlan « pécho ») : séduire.

le dialogue au lieu de l'ouvrir. L'attitude la plus adaptée consiste à donner sa propre vision du commerce des chairs, sans porter de jugement, et en se focalisant sur la misère et la souffrance de celles et ceux qui se livrent ainsi en pâture aux autres.

8

Et l'amour, dans tout ça ?

Se risquer à aimer, tous les ados qui vont plutôt bien y sont prêts… heureusement ! Et l'amour et l'amitié sont des sujets inépuisables qu'ils apprécient de pouvoir aborder avec les adultes, dès lors que l'on évite jugements et propos moralisateurs. Entre pairs, la seule morale qu'ils partagent à l'unanimité pourrait se résumer à l'aphorisme suivant : *Tromper n'est pas jouer*. Malheur en effet, au moins en injures, à celui ou à celle qui se retrouve accusé(e) de s'être montré(e) infidèle. « On peut casser, personne n'a à s'en mêler en dehors du couple, dit Éléonore, 16 ans. Mais s'il y en a un qui trompe ouvertement l'autre, là, il y a faute, et on lui tombe dessus… » D'accord pour en parler facilement, les ados sont en effet particulièrement intéressés par les questions de l'engagement, de la fidélité, de l'attachement et des souffrances de la rupture inhérente à la vie adolescente, à condition de ne pas leur parler de *normes* – eux qui se veulent différents de leurs parents, mais qui craignent plus que tout d'être « anormaux ». En conférence auprès de collégiens ou de lycéens sur le thème de la vie sentimentale, je débute souvent par le vieil adage amérindien suivant qui permet, à défaut d'énoncer une vérité prouvée, de capter vivement l'attention du jeune auditoire. Ce proverbe dit en substance ceci : les cinq doigts de la main du cœur (la gauche) représentent les cinq grands amours qu'un humain peut connaître au cours de sa vie entière ; les doigts de la main droite correspondent aux cinq véritables amis de toute une vie qui compenseront et aideront à dépasser les misères amoureuses. Sans y accorder trop de valeur statistique, il est amusant de constater qu'une étude britannique réalisée en 2012 pour le compte du North Opera[1] auprès de 2 000 adultes, parvenait à une conclusion assez proche concernant l'amour avec un grand A : on ne tomberait vraiment amoureux que quatre fois au cours de son existence ! Et du côté de l'amitié, un dicton courant n'est pas en reste, lorsqu'il affirme que les véritables amis se comptent sur les doigts d'une main…

Les ados qui ont peur de se brûler les ailes aux feux de l'amour préfèrent se risquer à éprouver des sensations fortes, quitte à se faire (vraiment) mal, plutôt que de se soumettre aux aléas de la vie sentimentale. Ceux-là ont été déçus, en proportion de leurs espérances exagérées, ou bien redoutent de s'investir à l'excès et de souffrir, avec la hantise d'être quittés, à la mesure des liens affectifs familiaux, dont ils se sentent déjà prisonniers.

---

1. Basé à Leeds (Royaume-Uni), cet opéra a commandé cette étude pour marquer sa mise en scène d'un carrousel musical romantique.

Émotion, quand tu nous tiens !

Les mouvements affectifs comprennent trois grandes sortes d'états :

– les *humeurs*, qui sont des dispositions affectives variables donnant aux états d'âme une tonalité agréable ou désagréable (allant du plaisir extrême à la profonde douleur et au désespoir), et aux points de vue, une vision éclaircie ou obscurcie ;

– les *émotions*, qui sont des mouvements[1] affectifs généralement brusques et momentanés, comme la joie, la tristesse, la peur ou la colère ;

– les *sentiments*, qui sont des courants affectifs complexes beaucoup plus durables, impétueux ou calmes selon les moments et les périodes, associés à de puissantes représentations, et dont les deux inspirateurs principaux sont l'amour et l'amitié.

Ces éléments affectifs fondamentaux nouent et dénouent d'importantes attaches au cours de l'existence, dans des proportions variables d'un sujet à l'autre. Les *sensations* en sont distinctes. On peut en effet les réserver aux impressions plus ou moins fortes que des objets ou des situations extérieures exercent sur nous, et qui appartiennent de ce fait au registre des perceptions, sans que le trio humeurs-émotions-sentiments soit forcément concerné. Ce sont d'ailleurs les sensations fortes que cherchent à obtenir les adolescents

1. Le mot « émotion » dérive du latin *motio*, « mouvement » et « trouble, frisson (de fièvre) ».

pour *se sentir exister*, lorsqu'ils ont des raisons de se dérober aux complications affectives qui risquent de les faire souffrir.

Faire ami-ami ou se lier d'amitié ?

Authenticité, sincérité, confiance, fidélité sont les maîtres mots de l'amitié. En la matière, les traîtrises laisseront des traces durables, car l'amitié véritable est une inclination réciproque qui tolère mal la déception et refuse la tromperie, comme toutes les histoires d'amour. Et s'il est déconseillé d'aller jusqu'à *dire ses quatre vérités* à son ami(e), on peut en principe lui en dire beaucoup et en entendre autant de sa part. Les *amis d'enfance* semblent avoir les liens les plus solides, car ils ont été généralement investis en fonction des choix parentaux (relations d'amitié ou de voisinage entre adultes). Cet ancrage rappelle la fratrie et nourrit la nostalgie, avec d'ailleurs des souvenirs communs. À l'adolescence, cette première forme d'engagement affectif peut se distendre ou se rompre (au moins provisoirement), par opposition aux parents ou par éloignement géographique. Il peut aussi se compliquer du fait de l'arrivée de nouveaux amis, plus ou moins compatibles. Il faut dire que la révolution pubertaire exige des choix *personnels et singuliers* – même si ces derniers dépendent encore en partie du lieu de résidence et du contexte socioculturel familial. Se distinguer des parents, affirmer sa différence et rejeter, un temps, leurs valeurs et leurs modes de vie, laisse l'adolescent seul et démuni, en insécurité affective, d'autant plus que la métamorphose qu'il subit le rend « étranger à lui-même ». Le temps des copains/copines est venu et prend de plus en plus de place.

La nouveauté depuis quelques années, ce sont les *amis virtuels* des réseaux sociaux et des blogs, qu'il convient de multiplier pour être « populaire », c'est-à-dire reconnu, admiré par les autres. Il s'agit aussi de pouvoir étendre son influence dont l'importance fait mine de rassurer et étayer. Disons-le tout net : *l'amitié en réseau* est la plupart du temps un abus de langage formé en français à partir des mots anglo-saxons *friends* et *likers*, même si les vrais amis s'y mélangent avec les faux amis. Le réseau supporte surtout des « intérêts » qui peuvent déjà ressembler au carnet d'adresses futur à usage professionnel. Peu importe également que les internautes correspondants soient de parfaits inconnus, une fois le contact établi et entretenu, l'objectif consiste à concrétiser la relation en chair et en os, aux risques et périls des ados.com. Élise, 15 ans, est restée six mois « en lien d'amitié » (*sic*) par Internet avec un certain David, censé avoir 23 ans et être un confident exemplaire « assez beau mec », jusqu'à ce qu'elle découvre – au bar où ils se sont donné rendez-vous, un homme mûr, marié de surcroît…

L'importance des potes

Les copains et copines sont aujourd'hui des *potes*[1]. Cette catégorie unisexe inclut les camarades de classe, et

1. Forme apocopée familière de « poteau », avec l'idée que l'on peut s'appuyer sur ce soutien, compter sur lui.

l'importance de la relation est variable. Les bon(ne)s potes se détachent du lot, mais le partage d'intimité reste assez superficiel, et surtout les liens sont conjoncturels, soutenus en bande, plus ou moins intéressés en fonction des activités scolaires, sportives, artistiques ou ludiques. Le premier véritable élu du cœur est, au féminin, la *meilleure amie*. Le duo se forme ou se renforce au moment de la puberté. C'est une association des contraires ou de l'identique qui sert à chacune d'étayage narcissique et permet d'investir à deux le groupe des pairs, ainsi que les questions et explorations relatives à la sexualité. Une jeune fille peut cependant avoir un *meilleur ami* qui est le confident privilégié et avec qui l'ambiguïté relationnelle est relative (lorsqu'il est gay) ou absolue (ex-petit ami, jeune homme ne déclarant pas sa flamme par timidité, relation platonique non avouée). Dans l'un et l'autre cas, ces amitiés se délitent lorsque la rencontre amoureuse prend toute la place. Chez les garçons, l'engagement envers un meilleur ami existe, bien sûr, mais il est souvent contenu à l'intérieur d'un petit groupe de trois ou quatre pairs considérés comme d'excellents « potes » pour, en quelque sorte, diluer la relation et éviter l'exposition réelle ou supposée à l'affichage homosexuel, même si les mentalités ont considérablement évolué à ce sujet. Le groupe masculin à facettes multiples permet aussi à chacun de ses membres de faire valoir sa spécialité (sport, humour, performances scolaires ou amoureuses, etc.). Filles et garçons connaissent aussi ce que l'on appelle des *amitiés particulières* qui sont des relations amoureuses hétéro-, homo- ou bisexuelles ne disant par leur nom. Nous verrons plus loin le statut particulier des « ex » qui peuvent (re)devenir des amis ou des ennemis, et qui participent des liens entre amours et amitiés.

Trop souvent en ce cas, ou lorsque l'ami(e) est réputé(e) consommer des toxiques, mal travailler en classe, ou avoir un look trop provocateur, les parents parlent de *mauvaise fréquentation*. La mauvaise idée est de s'en mêler, sauf évidemment si la réalité des illégalités et délits commis impose leur intervention. Ils doivent d'abord se méfier de leurs préjugés. Certains jeunes, très éloignés socialement, n'inspirent pas confiance alors qu'ils sont pleins de qualités. D'autres, fils et filles de « bonnes familles » volent dans les magasins ou « dealent » du cannabis. N'oublions pas non plus que l'adolescent se cherche à travers différents prismes pour trouver *sa différence*, c'est-à-dire sa singularité. Et pour cela, tout compte : son look, ses postures, ses investissements, ses fréquentations, etc., quitte à les abandonner lui-même après les avoir essayés, endossés, testés. Il se frotte à ses *semblables* qui lui ressemblent ou, au contraire, sont l'opposé. L'adolescent a besoin de ces contrastes pour construire sa propre identité, comme un peintre a besoin de blanc et de noir pour élaborer sa nuance de gris. Plus les parents insisteront sur les excentricités ou les « défauts » de ses amis, plus il sera tenté de se radicaliser et de les imiter. L'amitié lui permet de s'affirmer, d'exister et d'être reconnu en dehors de sa famille.

Toutefois, si l'adolescent réduit ses fréquentations à la seule compagnie de jeunes déviants et que son attitude change brutalement, qu'il désinvestit l'école, ne respecte plus aucune règle concernant les sorties, etc., il faut s'interroger sur ses motivations. Que veut-il montrer et pour attendre quoi ? Que recherche-t-il à travers ces choix extrêmes et exclusifs ? L'ado qui fréquente ceux qui vont le plus mal ne va pas très bien lui-même. Il est en quête d'agissements et de sensations *extrêmes* pour trouver les limites qui lui manquent, s'efforce d'établir des liens de solidarité qu'il n'obtient pas ailleurs, et ne parvient pas à s'affirmer par les voies habituelles. En parler calmement avec lui, si besoin avec la médiation d'un spécialiste, peut éviter l'enlisement de la relation et l'aggravation des troubles de conduite.

Déclarations d'amour ou de guerre ?

Lorsque leurs parents *flirtaient*, ils disaient qu'ils *sortaient ensemble*. Aujourd'hui, cette expression signifie plutôt « aller en discothèque entre ami(e)s », et le mot *flirt* a pratiquement disparu de leur vocabulaire. Les ados.com se disent « en couple », et (se) *font des câlins*, non loin de leurs doudous qui trônent en tête de lit. La présence persistante (et parfois capitale sous peine d'angoisses) de ces reliquats de la petite enfance interroge la maturité affective de nos *petits* devenus « grands » sur bien des plans (consommation de toxiques, sexualité précoce, etc.), mais encore attachés à des objets transitionnels et en attente de gestes d'affection. A-t-on voulu les faire grandir trop vite, à coups d'exigences de performances scolaires et de « responsabilisation » ? Est-ce, au contraire, parce que nous les empêchons de grandir trop rapidement et sans nous, et donc est-ce le résultat de nos attitudes surprotectrices ? Ou bien le contexte sociétal est-il tellement anxiogène qu'il convoque chez eux des conduites de réassurance infantiles ? Quoi qu'il en soit, le chapitre des amours n'échappe pas aux paradoxes de cet âge. D'un côté, nos ados sont très avertis et délurés dans le domaine de la sexualité agie, puisque les « câlins » désignent aussi les *préliminaires* (fellation, cunnilingus) à l'acte sexuel abouti qui survient vers 16-17 ans et s'appelle la « première fois ». Notons au passage que si les fameux « prélis » surviennent de plus en plus tôt, à partir de 14 ans, l'âge de la première fois n'a pratiquement pas varié depuis vingt ans. D'un autre côté, affamés de tendresse, nos ados distinguent nettement les « plans cul » des histoires d'amour qui restent étonnamment « fleur bleue ». Cette délicatesse transparaît à travers l'expression *petit(e) ami(e)* qui persiste contre vents et marées. Bien sûr, comme toujours, la vision de la relation amoureuse chez les filles diffère de celle des garçons. Elles aboutissent à la rencontre physique *par les sentiments*, alors que les garçons ouvrent leur cœur en envisageant d'abord la relation physique. Les unes et les autres ont à gérer la frustration – disposition émotionnelle assez rare à l'heure où les jeunes ont du mal à supporter le différé, puisqu'ils expérimentent l'instantanéité dans le domaine du numérique. La masturbation les aide heureusement à se laisser embarquer dans les rêveries érotiques, lorsque les images de la pornographie visionnées sur le Web ne les perturbent pas trop.

De plus en plus de jeunes filles rapportent en effet les difficultés sexuelles que connaissent leurs « petits amis » (éjaculation précoce, impuissance psychogène...) complexés par les prouesses des stars du *hard*.

Les complications amoureuses sont les mêmes qu'auparavant, au son des jalousies, tromperies, perfidies, rumeurs infondées et provocations diverses, mais Internet et les réseaux sociaux les démultiplient et les exposent à la cantonade, ce qui peut avoir un effet dévastateur. Certaines phobies scolaires ou tentatives de suicide sont attribuées à ces vraies ou fausses annonces diffusées sur le Web. Nina, 16 ans, témoigne : « Avant les vacances, on était en couple avec Alexandre. On s'était promis de rester fidèles. Moi, j'ai été nickel. Mais en rentrant d'Italie, je découvre qu'Alexandre a retiré NOTRE photo de sa page Facebook, et mes potes me racontent qu'elles l'ont vu plusieurs fois avec une petite blonde. Je pète un câble et j'avale tous les cachets que je trouve dans la pharmacie de ma mère. On s'est expliqués quand il est venu me voir à l'hôpital. Maintenant, on est à nouveau ensemble, enfin j'espère... »

Les couples se font et se défont comme à l'époque de leurs parents, et les passions amoureuses sont toujours aussi violentes, avec les vengeances assorties. Après la déclaration d'amour déchirée, ce peut être la guerre déclarée, contrairement à l'adage soixante-huitard. Mais les mentalités ont considérablement évolué en ce qui concerne l'homosexualité et la mixité ethnique. Les ados sont bien plus tolérants que leurs parents et se montrent beaucoup plus ouverts vis-à-vis de toutes les « différences ». Une relation sentimentale peut durer quelques semaines ou plusieurs mois, mais le mot *amour* est proscrit avant 16-17 ans, car il est trop engageant. Il est aussi jugé risqué : à l'heure où un couple adulte sur deux divorce ou se sépare, les ados préfèrent ne pas miser sur l'avenir. Se marier un jour, avoir des enfants (ou les adopter), exercer un métier passionnant, tout cela peut être envisagé, mais mieux vaut ne pas y penser par superstition.

Certains jeunes restent ensemble toute leur adolescence et même parfois au-delà. Généralement trop dépendants, sur le plan affectif, de leurs parents, ils/elles ont trouvé dans *l'âme sœur* une compatibilité amoureuse leur permettant de se détacher, au moins en partie, de cette dépendance exclusive.

Lorsqu'ils ne sont plus « en couple », les deux ados deviennent des « ex ». Ils peuvent alors (re)devenir amis, s'ignorer superbement en continuant à fréquenter des amis communs ou, au contraire, se couper radicalement de ces derniers. Amours et amitiés s'enlacent, se détachent, se renouent pour mieux se séparer à nouveau, comme si ces expériences de ruptures et de retrouvailles permettaient de tester la nature des liens. « Je savais que Brian restait en contact avec son ex, raconte Claire, 17 ans. J'aurais dû me méfier, d'ailleurs des potes à elle me l'avaient dit. Le pire, c'est quand j'ai appris qu'Aurélien, mon ex, avait fini une soirée, bien bourré, dans les bras de cette petite pouffe qui cherche vraiment des histoires… »

Mêlons-nous de ce qui nous regarde

Comme en matière d'amitiés qui les dérangent, les parents doivent éviter de se mêler des histoires de cœur de leurs enfants. Ni conseils de rupture, voire interventions en personne, ni fouilles, intrusions, interrogatoires qui sont les activités des douaniers et des policiers, pas celles des parents. Il faut ouvrir le dialogue, non le fermer, et les recommandations concernant la sexualité et ses dangers doivent respecter la pudeur adolescente.

Lorsque l'ado connaît un chagrin d'amour, les parents sont tentés d'intervenir pour consoler ou réconcilier les amoureux. Permettre à son ado de s'épancher est une chose, mais l'empêcher d'éprouver son chagrin n'est pas recommandé. Une rupture sentimentale est forcément triste, mais éprouver de la tristesse, de la nostalgie, le sentiment de la perte, constitue une expérience émotionnelle qui est, à l'adolescence, un exercice de travail de deuil normal et même indispensable. Il faut aider l'ado à contenir sa souffrance, l'écouter sans chercher à sécher ses larmes au plus vite, ne pas donner de conseils, sauf s'ils sont demandés. Ceux-ci doivent rester, autant que possible, sur un registre philosophique général. Faire grandir un ado, c'est lui apprendre à « faire avec » les vicissitudes de l'existence, à surmonter les pertes.

Si l'ado se renferme, reste cloîtré dans sa chambre, ne mange plus, ne va plus en classe, ne voit plus ses amis, il faut s'inquiéter. Et peut-être envisager une aide extérieure. La durée du chagrin d'amour, au-delà de quelques semaines, au plus de quelques mois, en fonction de la durée de la relation (si l'adolescent a connu cette relation durant quelques années, le chagrin peut durer) est un indicateur de dépendance affective, donc de fragilité.

Trop d'amour parental peut nuire à la santé

Nous aimons beaucoup nos enfants. Trop, sans doute. Désirés, voulus, attendus, ils deviennent LE cœur de nos vies. La parentalité est aujourd'hui un moyen de réalisation personnelle, une sorte d'idéal de soi. « Mon enfant, je veux le meilleur pour lui, dit Samantha, mère de Jordan, 15 ans. Je suis prête à tout pour lui, et il me le rendra, j'en suis sûre. Depuis que son père est parti, nous sommes en osmose, je n'ai besoin d'aucun homme dans les pattes. » *Osmose*, tout est dit : interpénétration, échanges subtils en circuit fermé, diffusion de l'un à l'autre, risque de fusion… Le danger d'une telle situation n'échappera à personne : confusion des places, impossibilité pour le garçon de se soustraire à la toute-puissance maternelle, incestualité des rapports, enlisement de la mère dans cet amour exclusif qui l'empêche d'investir une nouvelle relation.

L'amour parental ne suffit pas pour qu'un enfant soit épanoui. Il peut même être un frein à cet épanouissement : l'amour peut étouffer, devenir synonyme de « possession » (y compris au sens sexuel du mot), forcer l'enfant à renoncer à son besoin de prendre ses distances ou, au contraire, l'amener à se révolter et à chercher la rupture sous toutes ses formes pour s'échapper. La monoparentalité, aujourd'hui fréquente, est – de ce point de vue – une situation à risque lorsqu'elle confine au duo excluant l'autre parent, ainsi que toute personne en position de tiers. Selon l'Insee[1], un ménage sur cinq avec enfants vit en situation monoparentale. Dans 85 % des cas, il s'agit de la mère, huit fois sur dix après une séparation. Dans les cas les plus critiques, la colère et le ressentiment à l'encontre du père viennent renforcer l'exclusivité maternelle à l'égard de l'enfant. Ce dernier est alors à la fois en position de compensation affective et

1. Insee, *France, portrait social*, édition 2014.

l'enjeu du conflit parental, son père cherchant de son côté à le « récupérer ». À l'adolescence, sa position peut devenir intenable, lorsqu'il doit tour à tour s'incarner en témoin, en allié, en compagnon, en confident, avec toute l'ambiguïté que revêtent ces termes. Et le risque est alors grand qu'il cherche par tous les moyens à s'extraire de cette situation, quitte à préférer disparaître pour résoudre le problème.

9

Phobies d'hier et d'aujourd'hui

Le goût du risque et la phobie ne font pas bon ménage, puisque le premier suppose un *engagement* et escompte un bénéfice, en tolérant – on l'espère – que le plan envisagé puisse échouer, tandis que la seconde impose d'emblée l'*évitement*, avec une anticipation toujours négative du contact éventuel à l'« objet phobogène ». Je n'emploie pas ici le mot *phobie* au sens courant d'absence d'affinité (opposé à *philie*), d'aversion instinctive, d'hostilité déclarée, comme dans la xénophobie. Je veux parler de la *peur irraisonnée* d'une situation ou d'un objet qui provoque une authentique souffrance, obligeant celles et ceux qui en sont victimes à des manœuvres parfois désespérées d'évitement et de contournement. Rappelons l'étymologie du mot qui en dit long sur le trouble et les réactions qu'il suscite. Le grec *phobos* signifie « crainte angoissante », *avec l'idée importante de fuite due à la panique*[1], tout cela dans la précipitation et le désordre. Cette peur morbide d'une situation ou d'un objet est généralement injustifiée en elle-même et jugée comme telle par la

1. Le grec *phebesthai* signifie « fuir ».

personne qui en souffre. Les *phobies de situation* sont les plus répandues. Leur liste est une litanie sans fin : agoraphobie (peur des lieux publics), claustrophobie (peur des lieux clos), hydrophobie (peur de l'eau), acrophobie (peur des hauteurs et du vide), etc. Les moyens de transport (train, avion, voiture), les environnements de santé (hôpital, dentiste, vue du sang, prise de sang, odeur des produits), la peur des maladies (nosophobie) sont, avec les événements météorologiques annoncés (orage, pluie, vent, neige, brouillard) des phobies ultra-classiques. Ajoutons-en une nouvelle, venue avec le progrès : la nomophobie[1] qui est la peur de ne plus être connecté avec son smartphone (manque de réseau, défaut de batterie, crainte qu'il tombe à l'eau). *Les phobies d'objets* sont également répandues et concernent notamment les animaux (araignées, souris, serpents, pigeons, acariens...) ou les objets coupants ou pointus (couteau, aiguilles, ciseaux...).

Un symptôme qui enferme

Toutes ces phobies peuvent affecter les jeunes, mais certaines sont particulièrement caractéristiques de l'adolescence. C'est notamment le cas de la dysmorphophobie (peurs des déformations du corps), ou de la peur panique des objets tranchants ou pointus, assortie de la crainte de passer à l'acte contre soi ou contre les autres (phobies d'impulsion). Et, bien entendu, deux formes qui ne cessent

1. Nomophobie signifie *No-Mobile-Phone.*

de prendre de l'ampleur chez les jeunes, si paradoxal que cela puisse paraître a priori chez les ados.com :

– la phobie sociale : peur d'interagir avec les autres, de s'exposer devant d'autres personnes (par exemple, l'éreutophobie), panique à l'idée de parler à des inconnus, éventuellement compliquée par la phobie du contact ou du toucher frisant l'obsession ;

– la phobie scolaire : appelée *refus scolaire anxieux*, elle provoque un absentéisme récurrent qui s'aggrave chez les élèves concernés lorsqu'on cherche à la traiter par la force ou la menace.

Ces peurs irraisonnées appartiennent au domaine des troubles anxieux et peuvent devenir très invalidantes, au point de confiner l'ado dans ses retranchements. Ainsi, l'évitement de l'objet ou de la situation phobogène peut se décliner plus ou moins gravement, depuis le masquage du miroir de la salle de bains (pour ne pas voir son visage imaginé déformé) ou l'obligation de manger avec les doigts (faute de couverts), jusqu'à la claustration en chambre, en passant par l'incapacité à soutenir le regard des autres. Cette appréhension angoissante s'observe à la maison (mensonges pour se dérober aux questions), à l'école (empêchement d'aller au tableau, incapacité à faire un exposé ou à participer oralement aux cours), ou en société (invitations laissées lettre morte, fréquentations refusées ou dissuadées).

L'évitement de la situation phobogène complique singulièrement *l'ouverture au monde*. Sachant que tout symptôme a une fonction (à l'insu de sa victime), les angoisses phobiques peuvent traduire la peur de quitter le monde connu de l'enfance. Elles suscitent le repli, le retrait, refusent l'exploration qu'elles traitent en risques à éviter. De telles stratégies défensives s'accompagnent, dans les cas sévères, de conduites de réassurance dont l'importance varie depuis l'obligation d'effectuer des tâches ou des sorties avec une personne désignée, jusqu'à des manœuvres de contournement proches des obsessions (comptage des feux de circulation, détention d'un « gri-gri » contraphobique, séquences ritualisées d'actes imposés, etc.). Solène, 18 ans, souffre depuis un an d'un trouble qui lui rend la vie quotidienne difficile : elle craint de toucher le moindre stylo, de peur d'écrire, à son insu, des insanités. Elle refuse de faire des chèques, ne veut pas remplir les formulaires manuscrits, s'efforce de tout traiter par voie numérique. « J'ai la hantise de mettre des gros mots, que ça m'échappe, que ce soit plus fort que moi, dit-elle. Quand je dois remplir ou signer un papier administratif ou un chèque, je le prends en photo avant de l'envoyer pour garder la preuve que je n'ai pas écrit des grossièretés... »

Lorsque l'évitement est impossible du fait des circonstances, l'adolescent peut avoir une véritable attaque de panique qui n'est souvent pas prise au sérieux par l'entourage lorsque la phobie semble « fantaisiste ». Par exemple, le refus de la douche par hydrophobie peut être interprété par les parents comme une preuve de laisser-aller. Et la crainte de trouver une araignée dans son lit avant de se coucher peut susciter de la part de la fratrie des « farces » consistant à cacher des insectes en plastique dans les draps du jeune phobique – une expérience qu'a douloureusement vécue Adrien, 15 ans, qui a tenté de se stranguler, en réaction, avec le câble d'alimentation de son portable : « Les moqueries de mes frères, j'en avais assez, se justifie-t-il. Et je me trouvais honteux d'avoir ces peurs ridicules… Alors j'en ai eu marre, et voilà… »

Une défense contre quoi ?

Le mécanisme central de la phobie s'apparente à ce que s'efforce de faire la peau lorsqu'elle est blessée par une écharde : tenter de l'expulser. La peur panique *projetée* sur un objet ou une situation est un mode d'expulsion d'angoisses intérieures de niveau variable, parfois archaïques et persécutrices (dévoration, castration, abandon maternel, parricide). Une illustration magistrale en a été donnée par le célèbre cas du petit Hans dont la phobie des chevaux (peur de se faire mordre par eux) a été interprétée par Freud[1] comme l'expression d'une violente angoisse de castration suscitée par la relation au père, en pleine tentative de résolution du complexe d'Œdipe. Attention, bien sûr, aux interprétations sommaires. Ainsi, la dysmorphophobie peut être éphémère et constitutive du processus pubertaire au cours de la métamorphose qui opère, mais elle peut aussi mériter – du fait de sa gravité et de sa permanence – une évaluation médico-psychologique approfondie, lorsqu'elle s'accompagne d'angoisses de morcellement interrogeant la structure de personnalité.

1. Sigmund Freud, *Le petit Hans : analyse de la phobie d'un garçon de cinq ans*, Paris, PUF, 2006.

Quant aux phobies sociales et scolaires, elles sont aujourd'hui très répandues chez les jeunes. Elles révèlent souvent des situations de grande dépendance affective, dont certaines mettent en évidence d'intenses angoisses de séparation remontant à la prime enfance et actualisées au moment de l'adolescence. Elles peuvent aussi faire suite à des événements traumatisants dans le cadre de la vie scolaire : agression, harcèlement, menaces. On parle alors de syndrome post-traumatique. Il arrive également que l'anxiété de performance soit à l'origine du comportement phobique, du fait de résultats scolaires décevants ou d'une pression parentale excessive.

La phobie scolaire fait aujourd'hui partie des symptômes « à la mode », évoqués à longueur de magazines féminins plus ou moins spécialisés. Et certains ados ont bien compris qu'il valait mieux justifier leurs absences à l'école par la phobie scolaire plutôt que par le manque de motivation à assister aux cours. Parents et professeurs doivent donc savoir reconnaître les symptômes de la véritable *attaque de panique* dont l'ampleur et la répétition, les jours d'école, font la différence : aux angoisses sidérantes (peur de mourir, de devenir fou, de perdre le contrôle), s'ajoutent des manifestations physiques intenses (nausées, vomissements, céphalées, difficultés respiratoires, tremblements, vertiges...). De tels troubles demandent à être évalués par un spécialiste. Il ne faut ni les banaliser ni répondre par l'inscription de l'ado à des cours par correspondance. « L'école à la maison » n'est pas la solution, car la formule entretient et fixe le trouble.

En quoi le contexte sociétal favorise-t-il ces symptômes dont la fréquence ne cesse de croître ? Le règne de l'individualisme focalise les regards sur les performances individuelles plutôt que sur l'intégration harmonieuse dans le groupe. Et les craintes phobiques de surexposition sont démultipliées par l'état d'hyperconnexion et d'affichage permanent qu'induit la révolution numérique. La dépendance à l'image que l'on donne de soi peut aussi fragiliser ceux qui, à tort ou à raison, ne s'estiment pas à la hauteur de ce que les autres attendent ou valorisent. Quant aux phobies de contact, elles pourraient être majorées par le battage médiatique fait autour des campagnes de prévention des risques épidémiques. La plupart des recommandations – même les plus justifiées – se déclinent dans le registre de la méfiance vis-à-vis de l'autre sur l'air de « Sortez couvert », qu'il s'agisse de la grippe aviaire, de la gastro-entérite ou du sida.

Orientations thérapeutiques

Les traitements doivent être envisagés précocement, après une évaluation soigneuse de la nature, du cumul éventuel et de l'intensité des phobies.

Les *thérapies cognitivo-comportementales* (TCC) aident le jeune phobique à affronter sa peur en l'exposant progressivement à l'objet ou à la situation redoutée. Le thérapeute reproduit un environnement exposant l'ado à la situation anxiogène et l'y accompagne. Dans la thérapie en réalité virtuelle (TRV), il a recours aux outils numériques 3D, très utilisés puisqu'ils sont familiers aux jeunes et donnent des conditions de visualisation très réalistes. Le thérapeute peut aussi faire appel à l'imagination et amener l'ado à se représenter peu à peu la rencontre avec l'objet phobogène. Il apprend ainsi à mieux contrôler sa peur et à mettre en place une réaction adaptée. Il s'agit d'une sorte de désensibilisation vis-à-vis de l'objet de la phobie. Grâce à la relaxation et au travail effectué en parallèle sur les pensées et les émotions ressenties, le thérapeute établit une liste d'objectifs à atteindre tout au long de la thérapie. Le but est que le jeune patient arrive à affronter ses plus grosses peurs sans anxiété. Afin d'obtenir de meilleurs résultats, il est possible de combiner ce type de thérapie avec une prise en charge médicamenteuse adaptée.

L'EMDR[1], ou l'intégration neuroémotionnelle par les mouvements oculaires, est un outil thérapeutique qui a été développé à l'origine pour traiter les personnes souffrant de stress post-traumatique. Cette approche semble avoir un taux de réussite assez satisfaisant dans le traitement des phobies simples. Dans ce cadre, le thérapeute demande à son patient de penser à une situation qui lui pose problème, en même temps qu'il lui demande de fixer un objet en mouvement. Les saccades oculaires rapides induites par le mouvement de balancier contrôlé par le thérapeute stimuleraient le passage d'informations anxiogènes dans de nouvelles zones cérébrales.

Si étonnant que cela puisse paraître, la *psychothérapie d'inspiration analytique* – en relation duelle et dans sa forme classique – n'est pas forcément la plus adaptée au traitement des phobies de l'adolescence, au moins au début. Elle nécessite en général un travail préalable en groupe de relaxation

1. *Eye movement desensitization and reprocessing.*

ou de psychodrame pour « pacifier » suffisamment la relation à l'autre et supporter les projections des autres jeunes phobiques. Une fois investie, la psychothérapie a pour but d'aider l'ado à donner du sens au symptôme, dans son histoire personnelle et familiale.

Certains *médicaments* font partie de l'arsenal thérapeutique, à utiliser avec prudence chez l'adolescent. Lorsque l'indication et l'âge du patient le permettent, les antidépresseurs agissant sur la recapture de la sérotonine sont utilisés dans le traitement des phobies. Ces médicaments agissent en augmentant la quantité de sérotonine (neurotransmetteur) présente dans le cerveau. Enfin, les bêtabloquants peuvent aussi être prescrits dans certains cas. Ce sont des médicaments utilisés pour traiter l'hypertension artérielle. Ils réduisent entre autres la fréquence cardiaque et permettent de soulager les symptômes gênants comme les palpitations.

10

Les ados borderline

Les adultes qui voient la « limite » comme un empêchement, un blocage, et qui ne rêvent que de *consommations illimitées*, peuvent-ils avoir d'autres enfants que des « petits capricieux », intolérants aux frustrations et prêts à tout ingurgiter sans retenue ? Poser la question comme cela, c'est évidemment y répondre : le règne de l'enfant-roi, l'hyperindividualisme, la consommation à outrance (absorber toutes sortes de nourritures sans besoin, sans limites et éventuellement sans désir), la recherche des sensations au détriment des émotions, la satisfaction immédiate des désirs (tout, tout de suite)… tout concourt à faire de nos ados des jeunes gens exigeants, instables, en quête de contenance. Ceux qui vont bien, on l'a vu, cherchent à pratiquer les écarts de conduite qui traduisent ce besoin d'établir un entre-deux de confrontation avec les adultes. Comme les mots « écart » ou « incartade » le suggèrent, ces manquements ou débordements restent normalement modérés, tolérables, réversibles, et ils n'ont pas pour but de se mettre sciemment en danger. Ils établissent des « fronts » face aux adultes, et la netteté des positions de chacun est un gage de réassurance et de sécurité.

L'adolescent expérimente l'écart, en tire des leçons personnelles puis ajuste sa position en regard de la distance produite par rapport aux adultes. Dans l'espace d'évolution qui lui est proposé, son credo est : « Lâchez-moi [c'est-à-dire cessez de me coller, de m'observer]... mais surtout ne me laissez pas [crainte de l'abandon]. »

Lorsque les limites du *cadre d'évolution* sont trop floues dans différents registres (autorité parentale, règles et lois sociétales, différence des sexes et des générations, répartition des rôles, etc.), et que l'ado se perd en ne pouvant plus s'opposer, s'appuyer *contre* des positions adultes stables, il devient lui-même un « ado limite » – un ado borderline[1], en quête d'entre-deux, de marges, de marques précises, pour se définir et se sentir exister. Ce n'est alors plus le simple goût du risque qui le caractérise, mais le besoin de se frotter à des bornes nettement établies, en multipliant les provocations et les passages à l'acte – ces fameuses conduites à risque qui peuvent l'entraîner trop loin.

Impulsivité et ruptures

Chez les 15 % d'adolescents qui vont mal, deux diagnostics sont souvent évoqués au regard des troubles du comportement qu'ils présentent : le *trouble bipolaire de l'humeur* et le *trouble de la personnalité borderline*. Le trouble

1. Anglicisme, de *borderline*, proprement « ligne de démarcation ».

bipolaire est une altération de l'humeur qui se définit par une variation anormale de la thymie (nom scientifique de l'humeur) : alternance de périodes d'excitation et de dépression. Le terme « bipolaire » évoque ainsi ces deux pôles, entre lesquels l'humeur oscille. Quant au trouble de la personnalité borderline, il est caractérisé par une impulsivité majeure et une instabilité marquée des émotions, des relations interpersonnelles et de l'image de soi. Il traduit une insécurité interne constante et provoque des attitudes incessantes de mise à l'épreuve de l'entourage. Une de ses modalités défensives est le passage à l'acte comme voie de décharge.

Ces orientations diagnostiques sont évoquées chez les adolescents instables et impulsifs. Certaines sont justifiées et méritent un dépistage et un traitement précoces. Mais d'autres semblent abusives compte tenu de l'extrême variabilité de l'humeur et des conduites marquant l'adolescence. Procéder très tôt à un étiquetage diagnostique qui « fixe » les troubles dans un registre purement pathologique empêche de les envisager comme des conduites dont la genèse, les formes d'expression et l'évolution demanderaient à être interrogées en regard de l'histoire et des modes de relations interpersonnelles.

Les ados borderline ont des conduites qui relèvent de la rupture déclinée au sens propre et au figuré, avec tous ses autres synonymes (déchirure, brisure, cassure, coupure, clash) : fugues, automutilations, comas toxiques (alcool, drogue, médicaments), tentatives de suicide, ruptures relationnelles brutales, privations ou gavages alimentaires accompagnés de vomissements provoqués, etc. Un tel besoin de rupture trahit un défaut de limites qui appartient à la vie psychique du sujet ou à sa vie interpersonnelle. On retrouve chez la plupart d'entre eux l'instabilité (de l'identité, de l'affectivité, des cognitions), une impulsivité marquée, des efforts effrénés pour éviter les abandons réels et imaginaires, des moments d'idéalisation excessive ou, au contraire, de dévalorisation dans les relations interpersonnelles, la répétition de conduites suicidaires et/ou d'automutilation.

Comment les ados concernés traduisent-ils leur souffrance intérieure ? Ils se disent mal dans leur peau, mal dans leur tête, ressentant soit de violents moments de tension qui les obligent à se soulager au plus vite au moyen de tous les expédients (ivresses, scarifications, IMV[1], etc.), soit au contraire des expériences de vide abyssal les poussant vers toutes les conduites de dépendance – y compris affective et relationnelle. Certains d'entre eux présentent incontestablement de graves troubles de l'humeur ou de la personnalité. Mais la plupart ne sont pas malades. Ils sont *en souffrance* parce qu'ils ont l'impression douloureuse de ne pouvoir ni se trouver ni se faire respecter comme sujets à part entière. Ils éprouvent un sentiment de « non-existence » à un moment où la puberté oblige chacun à une double reconnaissance : se reconnaître (soi-même) et être reconnu (par les autres) à la fois comme le même – toujours aussi unique et singulier, en continuité avec soi – et un individu dorénavant différent, du fait de l'avènement du corps génital et de la sexualisation des liens. Ce double

1. Intoxication médicamenteuse volontaire.

mouvement et l'inscription qui en résulte dans la différence des sexes et des générations fondent le sentiment d'identité, construction évolutive qui apparaît – chez ces adolescents en difficulté – barrée, bafouée, niée ou attaquée. Les raisons de la fracture identitaire peuvent appartenir à divers registres. En dehors de la maladie mentale qui touche environ un adolescent borderline sur sept, on distingue les antécédents de violence sexuelle dans l'enfance, les secrets de filiation et les graves non-dits familiaux, la rupture des origines (abandon, adoption), les drames familiaux à répétition, les positions de dépendance extrême à un parent. Ces situations de confusion identitaire sont rendues critiques par les bouleversements de la puberté. Le corps propre des jeunes concernés devient en quelque sorte « brûlant » de tant de souvenirs et de vécus traumatiques. Et c'est cette corporéité dérangeante autant que les liens qui l'embarrassent ou l'entravent que les adolescents suicidaires vont jusqu'à vouloir faire *dis-paraître* – proprement « cesser de paraître ».

En finir avec quoi ?

Avoir le sentiment de non-exister mène à une logique de rupture. Les adolescents en détresse veulent cesser de souffrir, marquer une pause plus ou moins durable et provoquer un changement radical – avec toute l'ambiguïté que revêt ce terme. Ils ont aussi en tête de « reprendre la main » pour agir d'une manière active et se sortir d'une situation où ils se sentent niés ou chosifiés. À leur insu, ils veulent

« marquer les autres » pour davantage exister à leurs yeux. Toutes ces intentions (dont certaines ne sont pas conscientes) sont présentes avec une acuité extrême dans l'acte suicidaire. Je pense qu'il ne peut pas y avoir de tentation du suicide sans, d'une part, une souffrance identitaire majeure et, d'autre part, une revendication d'existence et de reconnaissance, fût-elle *post mortem*. Contrairement à ce que beaucoup pensent, le projet des adolescents suicidaires ne consiste pas à viser la mort pour « cesser d'être », mais à obtenir un changement d'état pour en finir avec cette vie-là. Agir plutôt que subir, ne plus penser pour ne plus souffrir, effacer les problèmes en les escamotant dans la fuite ou l'oubli, jusqu'à imaginer se défaire d'un corps en trop en l'abandonnant triomphalement à ceux qui restent. Il y a là une volonté de toute-puissance à la mesure de la détresse ressentie. Est-ce la mort que visent tous ces jeunes ? *Se tuer*, oui, s'il s'agit de mettre fin aux tourments en plongeant dans le sommeil éternel et de se défaire de sa vie charnelle qui semble impossible à assumer. Mais avec tout autant de détermination, « impressionner » les proches au sens fort du terme à travers un acte capable de les marquer pour toujours et de hanter leurs souvenirs. En somme, exister à leurs dépens – donc, dans un certain sens, *ne pas mourir*. Cruel paradoxe du suicide que cette volonté de rupture assortie d'un secret espoir de construction identitaire posthume.

Dans la réalité, cet acte à double détente a moins de conséquences funestes chez les filles, puisque trois suicides sur quatre sont masculins, tandis que 80 % des TS sont féminines. Comment comprendre ces écarts statistiques ?

Les moyens de suicide diffèrent selon le sexe. Les garçons s'en prennent violemment à leur corps et tout spécialement à leur tête en se tirant une balle ou en se pendant, exposant ainsi leur triomphe suicidaire en sang ou au bout d'une corde. Classiquement, les filles abandonnent – elles – un corps en apparence intact, gisant « endormi à jamais » après l'absorption massive de médicaments réputés calmer la tête (tranquillisants, somnifères, antidouleurs), ce qui leur laisse plus de chances de secours et de survie. Il leur arrive cependant d'en finir par la précipitation d'une hauteur (un suicide féminin sur dix), modalité qui décline autrement les mêmes principes : échapper à la souffrance en se jetant dans le vide, s'y projeter de manière spectaculaire en abandonnant son corps dans la chute, et tragiquement imprimer les traces de soi en s'écrasant au sol.

En tant que parents, à quoi être attentifs ?

Les menaces suicidaires, oralement ou par écrit, doivent toujours être prises au sérieux. Elles comportent une dimension de *manipulation*[1] (« reprendre la main, vouloir tirer les ficelles ») pour obtenir de l'autre cette *reconnaissance* qui fait tant défaut à l'ado qui s'exprime ainsi. Mais ne perdons jamais de vue qu'à la différence du maître chanteur qui reste dans l'ombre pour ne rien exposer de lui, le jeune suicidaire exhibe son mal-être, et souvent

1. Dérivé du latin *manus*, « main ».

depuis longtemps, à travers ses conduites de rupture. C'est pourquoi leur survenue précoce, avant l'âge de 15 ans, souvent au début de la puberté (ce qui pose la question des influences neuroendocriniennes dans la genèse des troubles), est un facteur de risque à reconnaître comme tel. Il en est de même lorsque l'adolescent cumule plusieurs formes de coupure, par exemple : fugues + scarifications + ivresses prononcées. L'intensité des manifestations est évidemment à prendre en compte (ne pas réduire un coma éthylique à une « simple ivresse »), et leur répétition est le signe du caractère éphémère et addictif du soulagement fugace produit par l'effet de rupture. L'impulsivité marquée, avec des déclenchements d'apparence anodine (des hurlements, des coups, pour une simple interdiction de sortie, par exemple), est un paramètre important qui doit faire penser que l'ado est *à vif*, voire « à feu et à sang », et qu'il est urgent de l'apaiser et de le contenir, ce qui doit conduire à oser consulter pour obtenir une aide extérieure. Les ados en grande souffrance se signalent aussi par des crises d'angoisse incontrôlables (à survenue souvent vespérale) qu'ils cherchent à juguler par le passage à l'acte (automutilations, tentatives de suicide, violences…). Celles-ci sont particulièrement saisissantes lorsqu'elles sont exacerbées par la prise de toxiques et qu'elles s'expriment sur un mode persécuteur avec des idées d'intrusion ayant pour vecteurs principaux le regard, la nourriture, les pensées. Le caractère « atypique » des conduites de rupture ne doit pas être banalisé, mais au contraire reconnu comme un signe de gravité. Certains détails sont ainsi très « parlants ». Par exemple, le mot

« DEATH » gravé en lettres bâton sur le front, ou encore une tentative de suicide par absorption de produit anti-limaces, de la mort-aux-rats répandue sur les scarifications, une fugue pour échapper à des persécuteurs imaginaires, etc.

Comprendre ce qui est « en jeu »

Les ados qui présentent ces comportements extrêmes sont réputés être, au départ, rétifs à tout engagement thérapeutique. Ils répètent les conduites dangereuses sans pouvoir investir de façon stable et durable les prises en charge ambulatoires qui leur sont proposées. Beaucoup ne sont pas hospitalisés, même brièvement, et pour ceux qui le sont, l'adhésion à tout type de suivi ultérieur est généralement médiocre, quelle que soit la nature des soins. Dès la sortie de l'hôpital, ils vont rompre tout suivi, soit d'emblée, soit après une ou deux séances. Pour les deux tiers d'entre eux, un traitement psychothérapique serait indiqué, mais ces adolescents sont rarement prêts à en concevoir la nécessité et l'utilité. Ils croient connaître les raisons de leur mal-être qu'ils attribuent à des événements de vie défavorables (rupture sentimentale, difficulté scolaire, conflit familial...), sans savoir que ces facteurs précipitants sont évidemment révélateurs de la problématique en cause, mais que faute d'avoir accès à celle-ci, ils servent d'alibis et de leurres pour éviter de se remettre en question. Les ados imaginent généralement un « traitement conjoncturel » de leurs problèmes, misant sur les changements de leur entourage, dans l'espoir de remaniements affectifs plus favorables. Vis-à-vis des soignants, ils sont paradoxalement en quête d'aide et de reconnaissance, mais fuient les dispositifs de soins trop marqués du sceau de la psychiatrie, par peur d'être étiquetés, jugés et rejetés.

Après un passage à l'acte les conduisant à l'hôpital, nombreux sont pourtant ceux qui acceptent l'idée d'une « mise à distance » brève, pourvu qu'elle ne soit pas stigmatisante, dans la mesure où l'agir qu'ils manifestent vise une *rupture*. Quant à l'orientation vers une psychothérapie, elle est d'emblée compromise, soit parce que les parents n'en acceptent pas les principes (fréquence, mode de paiement, étanchéité et exclusivité de la relation), soit au contraire du fait de leur insistance à convaincre l'adolescent qu'il doit aller *se faire soigner*. Insistance perçue comme un forçage d'autant moins bien accepté qu'en semblant s'en exonérer, les parents se montrent eux-mêmes incapables de reconsidérer leur propre position.

D'autre part, les adolescents butent sur la mise en mots de leur souffrance et ne voient pas en quoi parler à un « psy » de leurs problèmes pourrait les aider à les résoudre. Devoir aller *parler* à quelqu'un équivaut à « se livrer », donc à se soumettre, soumission que le processus pubertaire rend particulièrement menaçante et qui résonne comme une preuve de dépendance. Ils ne tirent aucun bénéfice immédiat de la relation thérapeutique, tandis que les conduites d'agir offrent plusieurs avantages :

– elles sont rapides et simples à mettre à exécution, l'impulsion ou la compulsion qui les déclenche pouvant d'ailleurs servir de justificatif ;

– elles donnent l'illusion d'une réappropriation du corps propre et satisfont à un besoin de maîtrise puisqu'elles réalisent littéralement une « reprise en main » sur le mal-être vécu comme subi, transformant la passivité en activité, tout en donnant le sentiment à leurs auteurs d'être moins exposantes que les *mots*, suspectés de livrer l'intime à leur insu ;

– elles soulagent immédiatement l'excès de tension intérieure, en l'effaçant (coma toxique), en l'escamotant (fugue) ou en la purgeant (scarifications), même si l'apaisement est fugace et demande à être reproduit ;

– les différentes formes de *rupture* qu'elles incarnent ont pour effet de faire cesser la souffrance en se coupant de la pensée et de ses représentations psychiques impossibles à tolérer ;

– elles provoquent chez les proches des réactions sur lesquelles se fonde l'attente de changements relationnels significatifs.

Afficher, plus que dire sa souffrance

Pour autant, ces différentes dimensions du passage à l'acte ne suffisent pas à rendre compte de la richesse caractérisant la *forme* et le *fond* de ces conduites. La forme, telle que l'observation clinique la relève, ne saurait en effet être considérée comme univoque. *Tout compte*, pourrait-on dire, depuis la nature et le moment de l'acte produit jusqu'à la désignation d'un responsable ou d'un destinataire, en passant par le moyen employé, à qui il appartient, etc. Lors d'une tentative de suicide, les comprimés ou les gouttes de sang si fréquemment semés sur le parcours menant à la chambre de l'adolescent sont autant de *traces* signalant le « lieu du crime », tandis que les draps souillés et le corps abandonné, « offert au regard », évoquent souvent une *mise en scène* dont l'érotisation – abusivement qualifiée d'hystérique – signe la grande excitation pulsionnelle présidant à ces conduites. C'est aussi un objet auquel il tient beaucoup d'ordinaire que le fugueur abandonne sur sa route ou un mot d'adieu laissé en évidence pour, en quelque sorte, confirmer sa disparition. L'importance de la vue, tant au cours qu'au décours de l'acte, souligne le double besoin de maîtrise et de reconnaissance de la souffrance exprimée, tout en insistant sur la nécessité d'une « mise en représentation ». Rester maître et se faire reconnaître, deux impératifs qui expliquent ce mélange de retenue et d'exhibition si souvent présent et ce foisonnement d'indices, de signes, d'indications en attente d'être repérés. En témoigne le jeune intoxiqué qui titube devant ses parents et ne parvient plus à articuler un mot, ou la jeune scarifiée dont le volumineux pansement de fortune sur l'avant-bras cache et suggère à la fois de probables blessures. *Figures* – parmi d'autres – du « montré-caché », ou encore de la « présence-absence », où ce qui se montre, s'affiche, interpelle l'autre sur son aptitude à y voir les signes d'un mal-être intérieur, figures dont l'insistance et l'importance poseront, dans certains cas, la question des *aménagements pervers*.

Dans la plupart des cas, l'extériorisation assure le drainage des tensions intimes et favorise l'accrochage au percept – le sien pour circonvenir l'insécurité intérieure, celui de l'autre pour appeler son attention. Il est à cet égard probable que le contexte social contribue à amplifier le caractère démonstratif de ces manifestations, à l'heure où les technologies confèrent à l'image une place essentielle et où l'apparence de soi sert de passeport identitaire. On pourrait presque parler d'une « société du spectacle » dans laquelle chacun doit être *en représentation* pour être vu, donc reconnu.

Évoquer la mise en scène qui caractérise la plupart des conduites d'agir nous oblige à considérer ce dont l'adolescent est conscient dans la représentation qu'il donne à voir. À quoi cherche-t-il à donner forme ? Il sait qu'il cherche la rupture, l'apaisement, l'oubli à travers le coma toxique, en même temps qu'il peut imaginer une possible recouvrance qui serait idéalement synonyme de reconnaissance de la part de ses proches. Ce double mouvement (disparition et reconnaissance) est le même dans la fugue où il s'agit de s'évanouir dans la nature pour tenter de semer sa souffrance puis de « briller par son absence » et d'espérer être activement recherché. Les violences cutanées auto-infligées (improprement appelées « automutilations »), sans doute parce qu'elles intéressent l'enveloppe primordiale qu'est la peau – à la fois *limite sensible* entre le dedans et le dehors et *témoin* des investissements précoces – sont particulièrement riches en représentations conscientes. C'est précisément parce qu'il est en panne d'élaboration de ses conflits que l'adolescent en souffrance produit, à son corps « agissant » (plutôt que défendant), des conduites d'agir ayant valeur de *tentatives de figuration*.

Sans que le sujet en ait conscience, ces conduites *incarnent* - au sens propre du terme - des aspects particulièrement signifiants de sa problématique. La « coupure », qu'elle prenne la forme du coma toxique, de la fugue ou celle de la scarification, vient traduire l'impérieuse nécessité pour le sujet de se dégager des liens qui l'aliènent à ses objets d'attachement et qui se chargent de représentations incestueuses et parricides. Il s'agit pour lui d'en fuir le rappel traumatique ou la menace, tout autant que de se soustraire au risque de s'en rendre lui-même l'exécuteur ou de se punir d'en être tenté. Escamoter, lacérer ou meurtrir le corps propre – « objet du crime » – incarne une tentative de dégagement, en même temps que l'effacement ou la rature du corps ainsi matérialisé évite au sujet tout travail de renoncement. Cet aspect est au cœur du paradoxe suicidaire : d'une part, fuir toute menace incestueuse en se défaisant du corps propre ; d'autre part, exister davantage mort que vivant en occupant à jamais la mémoire de ceux qui restent et, ce faisant, accomplir la fusion incestueuse tant redoutée. La « blessure » vient, elle, plutôt rappeler « l'enfant battu », restituant dans la réalité du corps la *possession* dont l'adolescent a été la victime, victime devenue son propre bourreau. Le registre des antécédents de violences sexuelles est à cet égard particulièrement convoqué (une jeune fille sur trois dans notre expérience du centre Abadie). Et les adolescents concernés ne font pas consciemment le lien entre de tels antécédents et la souffrance confuse qu'ils ressentent.

Il s'agit ainsi de figurabilités corporelles :

– de telles conduites font une *présentation* de la problématique sous-jacente (tenter de se défaire d'une emprise) ;

– elles la rendent *présente*, en « actualisant » les conflits à travers des événements traumatiques actuels, interrompant l'investissement psychique et en l'inscrivant comme traces d'un passé douloureux ;

– elles la rendent *présentable*, en donnant une forme autoagressive aux violences incestueuses et parricides, fantasmées ou subies.

Les conduites d'agir constituent un langage de l'indicible, donnant à voir un corps inanimé, blessé ou mutilé, tout en satisfaisant à la censure puisque ces « présentations » sont des déformations, des écarts par rapport aux représentations intrapsychiques, comme les figures le sont en rhétorique du *sens propre* au *sens figuré*. Et le but de cette régression est bien de mettre fin à la tension interne et, dans nombre de cas, de retrouver la trace sensorielle de l'objet, et de susciter ou de dénoncer sa présence.

Dans les violences cutanées auto-infligées, il apparaît hautement significatif que les lésions « barrent » ou meurtrissent le segment du corps naturellement destiné à prendre, donner et échanger. La coupure qui saigne ou les éraflures qui évoquent le maillage d'un filet semblent souvent incarner à la fois une volonté de délivrance et un constat d'impuissance vis-à-vis des liens qui aliènent le sujet à ses objets d'attachement. Et c'est peut-être parce qu'il interroge les *liens de sang* que le choix électif du poignet (où se distinguent par transparence les veines) est si fréquent.

L'*expérience traumatique* comporte toujours une tentative pour rendre représentable, transformable ce qui ne l'est pas dans le temps où cela émerge. Le travail de signification et de mise en représentation du traumatique exige donc le recours à des après-coups comportant le retour, du dehors vers le dedans de la psyché, d'excitations déjà chargées de sens et qui vont avoir pour fonction de conférer rétroactivement aux traces irreprésentables du passé une valeur permettant leur inscription dans la pensée et, au-delà, leur refoulement ou leur mise en mémoire. Les sensations douloureuses et les effets traumatiques peuvent ainsi être attendus, désirés, voire recherchés par l'adolescent à travers des conduites d'agir répétées.

Dans le cas des violences auto-infligées, celles-ci offrent un « traitement de surface » qui sert d'*écran* pour à la fois éviter toute confrontation à la souffrance psychique, mobiliser certains sens (regard, toucher) et substituer la cicatrice (ou la trace) au souvenir, et la douleur charnelle visible, circonscrite et palpable, à la souffrance. Le masochisme à l'œuvre est souvent *érogène*. Les jeunes filles ont une sexualité agie pauvre ou du registre du passage à l'acte. L'excès pulsionnel est traité sur un mode masochique (lésions exquises, délicates), au contraire de ce que l'on observe dans les troubles graves de la personnalité ou de l'humeur, où ce sont les organes qui sont attaqués, mutilés « au pied de la lettre », par totale inaccessibilité au symbolique.

Contenance et médiations au centre Abadie

Dans la mesure où ces actes ne peuvent être directement interprétés sans un travail préalable, et pour préparer les ados à un engagement psychothérapique ultérieur, il s'avère nécessaire de les amener à se saisir progressivement de soins et de médiations thérapeutiques s'offrant comme autant de supports de figuration dans un cadre d'évolution défini. Je m'appuie sur l'expérience de l'équipe pluridisciplinaire qui, depuis près d'un quart de siècle, aménage de brefs séjours hospitaliers pour les jeunes suicidants au sein d'une unité spécialisée au centre Abadie. Le cadre, bien réel, s'offre comme un espace à la fois contenant et mobilisateur. En l'occurrence, ce que propose notre équipe, c'est un service hospitalier à l'intérieur duquel on ne distingue pas d'un côté les aspects hôteliers et, de l'autre, les outils « nobles » du soin. Il s'agit au contraire d'articuler de manière cohérente les espaces et les temps pour fournir des métaphores véhiculant les principes clés de *contenance* (non de détention ou de rétention), de *pare-excitation* et de *différenciation* (distinctions entre dedans/dehors, interne/externe, intime/collectif, individuel/groupal). Animé par l'ensemble de l'équipe, ce cadre fournit des contenants et des contenus qui ont été pensés pour produire des figurations signifiantes susceptibles d'être acceptées puis saisies par les adolescents en souffrance. Il en est ainsi de l'architecture du service aménageant des espaces privés et publics, des chambres (individuelles ou doubles) dotées de portes pleines dépourvues de « regard » (les soignants y frappent avant d'entrer) et dans lesquelles aucun entretien psy n'a lieu puisqu'il s'agit d'un espace intime. Parmi les autres éléments du cadre, citons :

– le consentement de l'adolescent au séjour proposé, répondant à son besoin de maîtrise, assorti de son acceptation à se conformer au règlement intérieur dont il doit lire les divers points en compagnie du soignant qui l'accueille ;

– l'obligation pour tout patient de souscrire aux *48 heures* d'isolement inaugurales, figuration de la coupure à travers laquelle l'institution reprend la main (tant auprès du patient que de son entourage) ;

– dans cet intervalle, l'offre faite aux parents d'être reçus par l'une des assistantes sociales du service, pour qu'ils puissent déposer leur propre souffrance, témoigner des difficultés rencontrées et être reconnus comme des interlocuteurs à part entière par les membres de l'équipe. Parents qui bénéficieront ensuite d'entretiens familiaux en présence de l'adolescent ;

– l'implication de chaque patient dans les actes de la vie quotidienne (rangement de la chambre, gestion du linge et utilisation de la laverie du service, autodésignation de deux responsables journaliers de l'état du réfectoire et des parties communes) ;

– l'indication d'emblée d'une durée d'hospitalisation brève de trois semaines en moyenne, pour déterminer un temps tolérable, figurer une transition, un passage, et éviter l'enlisement dans la répétition qui ferait perdre leur valeur aux figurations proposées (comme l'addiction aux conduites d'agir le fait par rapport aux tentatives de figuration) ;

– la possibilité d'effectuer plusieurs séjours entrecoupés d'intervalles libres permettant à chaque adolescent d'apprécier lui-même ses possibilités d'engagement thérapeutique ambulatoire et de voir s'il parvient à faire face aux exigences de la réalité externe ;

– l'autorisation de regroupements spontanés entre pairs,

contrastant avec l'organisation de rencontres formelles quotidiennes (entretiens individuels, groupes de parole) contribuant à définir un *espace de soins intensifs* propre à figurer la « réanimation psychique » ;

– la segmentation des temps d'entretien avec les soignants et les psys en unités de temps de 30 à 45 minutes, afin de fixer ce qui se poursuivra ultérieurement en termes de séances de psychothérapie ;

– la pluralité des intervenants : chaque patient est pris en charge par les soignants et par un psychiatre et un psychologue référents qui reverront l'adolescent après sa sortie, parallèlement au suivi ambulatoire qui lui sera proposé auprès d'un correspondant de ville ou, à défaut, dans le département de consultations externes du centre Abadie ;

– l'animation d'ateliers d'expression artistique et culturelle ;

– la mise à disposition de « surfaces de projection » (punching-ball, mur d'expression libre).

À l'intérieur de ce cadre, nous utilisons des supports de médiation destinés à amener chaque patient à produire des ressentis que sa seule parole ne peut encore suffire à exprimer, et à favoriser les échanges, en complément des soins relationnels classiques. On connaît l'importance des thérapies par le jeu et les activités de groupe chez les enfants, nous sommes convaincus qu'il en est de même chez les ados. Parmi les médiations utilisées, celles qui s'appuient sur *l'autoreprésentation de soi et de sa souffrance* connaissent une implication étonnante, confirmant que les ados.com sont plus à l'aise dans la mise en scène que dans la mise en mots de leur mal-être. Ces autoportraits font appel aux arts plastiques traditionnels (dessin, peinture, modelage…), mais aussi aux techniques numériques (création de son propre avatar, *serious game Clash-back*[1]).

Puisque ce sont des enfants de l'image et de la communication friands des provocations de la téléréalité, puisqu'ils ont grandi trop vite sans prendre suffisamment de temps aux jeux de l'enfance, puisque enfin ils sont avides de reconnaissance et de relations « cash », nous allons également les prendre au mot et *les mettre au défi de se réaliser* au cours de différentes épreuves. Nous n'avions pas imaginé combien le mot *défi* allait avoir du succès auprès de ces adolescents en difficulté. Certes, ils appartiennent à une génération rompue aux joutes télévisées de *Fort Boyard* et de *Koh-Lanta*, ou à celles plus intimistes de *Secret Story*. Mais il y a sans doute d'autres raisons à ce succès. Tout d'abord, peu de parents mettent leur adolescent au défi de faire telle ou telle chose, tant ils associent le mot à une prise de risques qu'ils n'ont pas à solliciter puisque le jeune est réputé capable d'en prendre sans qu'on l'y invite. Du point de vue des parents, il serait préférable qu'il souscrive sans trop ciller aux règles établies, qu'il s'emploie à faire des efforts pour rester dans le chemin balisé, et qu'il réussisse sa scolarité, en contrepartie éventuelle de récompenses. Plus généralement, il n'est pas classique que ce soit l'autorité qui mette au défi celui sur qui elle exerce son ascendant ; c'est le sujet supposé en situation

1. Créé au centre Abadie et développé par Interactive Situations, *Clash-back* est un simulateur 3D de dialogue conflictuel entre un ado et un adulte, un jeu de rôle virtuel particulièrement immersif. Pour en savoir plus : www.clash-back.com

d'infériorité qui interpelle son supérieur pour se mesurer à lui, ou le rival d'un alter ego qui cherche le duel sur un pied d'égalité. Sauf dans le cas exemplaire des communautés encadrant les jeunes dans les sociétés traditionnelles qui organisent des *rites de passage* auxquels se soumettent les adolescents pour quitter l'enfance et être reconnus comme adultes. Un parcours *initiatique*, à ne pas confondre évidemment avec quelque mouvement sectaire que ce soit, puisqu'il s'agit d'accéder à un statut qui rend le sujet responsable en le faisant passer d'une position inférieure à une position supérieure. Dans le contexte des défis du centre Abadie, s'inspirer de ces « passages » aura pour effet de hisser l'adolescent à un rang qui n'est pas subalterne, ce qui lui assurera consistance et reconnaissance. Dès le défi lancé, par exemple « se maquiller aux couleurs de sa tristesse », « se vêtir en "enfant-vieillard" », « incarner la peur », « jouer une scène dans laquelle un zombie redevient humain », etc., l'adolescent se sent reconnu puisque si nous l'y engageons, c'est que nous le jugeons capable de le réaliser. Le patient devient un candidat qui s'apprête à passer une épreuve. Et cette passation contribue à contester une position censée être acquise et définitive, ce qui convient naturellement à des adolescents. Mais elle conteste également la position d'*incapable* dans laquelle croyait croupir l'adolescent désespéré, en l'obligeant à se bouger. En ce sens, c'est un élément mobilisateur qui, dans une certaine mesure, amène le sujet à *se remettre en question*. L'histoire du mot « défi » mérite d'ailleurs un détour tant il fait résonance avec ce besoin qu'ont les jeunes suicidants mais aussi les jeunes anorexiques de s'affirmer, de prouver leur valeur et ainsi de marquer leur existence. « Défier » signifiait à l'époque féodale « aviser quelqu'un que l'on renonce à la foi jurée à son égard » ; on défiait alors son suzerain ou son frère d'armes. En découle le sens courant de « provoquer quelqu'un », en laissant entendre ouvertement que l'on interroge sa capacité de réalisation. Les jeunes Abadiens en quête d'en découdre avec leurs démons intérieurs acceptent volontiers ces nouveaux combats. J'ai décrit dans mon précédent ouvrage, *Nos ados.com en images*, comment nous adaptions les défis aux troubles présentés par les ados, dans chaque service concerné, selon qu'ils présentent des conduites à risque suicidaires ou qu'ils souffrent de troubles des conduites alimentaires. Pour ces derniers (des filles dans 95 % des cas), nous supposons qu'une incitation à modifier leur enveloppe peut les aider à investir autre chose, bien plus que notre seule insistance à leur faire reprendre du poids, donc des formes. Rappelons que nous cherchons à introduire du *jeu* dans les relations qu'elles s'acharnent à vouloir maîtriser pour cesser de se sentir dépendantes. Notre objectif est d'essayer, à travers diverses médiations, de leur faire gagner davantage de liberté de mouvement pour à la fois les débloquer dans leur fonctionnement et les assouplir de manière ludique. Il est à cet égard remarquable d'observer que lorsqu'elles retrouvent le sens de l'humour et la capacité de mettre en scène émotions et sentiments, elles vont incontestablement mieux, témoignant d'une plus grande souplesse à différents niveaux.

Tous les ados du centre Abadie sont soutenus dans la réalisation de leurs défis par les soignants, jusqu'à ce qu'ils leur présentent la mise en scène de l'« épreuve » en présence de leurs référents. L'implication des équipes soignantes est un principe clé dans toutes les médiations proposées et ce, à partir des compétences et de l'engagement volontaire des soignants qui y participent.

Pour que les adolescents investissent ce dispositif et que puisse s'y amorcer un *travail d'élaboration*, nous misons sur une intégration transitoire de chaque adolescent dans un groupe de « semblables » d'une taille tolérable (l'unité dispose de quinze lits). Tous ont en effet en commun de développer des conduites autoagressives. La constitution de ce « corps borderline » est une particularité du centre Abadie puisque nous disposons d'une autre unité d'hospitalisation (dotée d'une équipe distincte et d'un programme thérapeutique spécifique) pour la prise en charge des adolescents ayant des troubles graves des conduites alimentaires. Notre objectif est de déterminer une autre *figuration corporelle* – en l'occurrence groupale – au sein de laquelle peut se travailler le similaire et le différent. D'autre part, la constitution du groupe de patients se fait, certes, à partir de ce qu'ils ont mis en acte, mais nous observons que si les ados se reconnaissent autour de traits identificatoires communs, contrairement à ce qu'on pourrait imaginer, ceux-ci ne semblent pas être posés autour de l'acte mais, intuitivement, autour de ce qui les y a conduits. « Tu as été violée, toi aussi ? » peut demander une jeune fille hospitalisée à un(e) autre qui vient d'arriver. Violence apparente de l'accueil qui fonctionne en fait comme une reconnaissance, chacun pouvant se reconnaître dans l'autre, sans honte et sans jugement, les pairs jouant un rôle de *révélateurs* du mal-être profond. Dans l'unité, les jeunes suicidants ne cherchent pas à se distinguer des jeunes gens admis en prévention[1]. Il n'est pas nécessaire de « se suicider » pour être reconnu par les pairs et les soignants comme un sujet en souffrance. Il y a peu de phénomènes de « contagion » et, lorsqu'un patient passe à l'acte au cours de son séjour, le groupe lui-même manifeste souvent de manière collective l'émotion et l'angoisse que suscite cet événement. L'expérience montre en effet que l'ensemble des patients reste notablement en deçà de l'identification par le comportement suicidaire, ce qui témoigne de la dimension anti-critique et contenante de l'espace transitionnel et du va-et-vient constant qui s'y produit entre individualité et corps groupal. Il n'est pas rare d'ailleurs que la crise du groupe se substitue à la crise du sujet et, par là même, participe à sa dissolution, par déplacement. Ainsi, par exemple, lorsque Sabrina se scarifie dans sa chambre, le groupe en tant que tel exprime son angoisse, sa compassion, sa solidarité, sa culpabilité, son agressivité, son impuissance... Autant de réactions qui font résonner la détresse de Sabrina, mais surtout la contiennent dans l'enveloppe vivante du groupe qui se déforme et s'adapte sans se déchirer au gré des circonstances.

En situation individuelle et en groupe, les différentes rencontres qui se jouent à l'intérieur du cadre conduisent à des *figurations du corps* (corps groupal, corps institutionnel) et à des *représentations* pouvant faire écho aux mouvements que les adolescents incarnent à travers leur *corps agissant*, dyna-

1. Dans 20 % des cas, le séjour ne fait pas immédiatement suite à une tentative de suicide.

mique qui active un début d'élaboration psychique. C'est une première étape qui peut être le prélude à un engagement psychothérapique ultérieur. En somme, nous fournissons une réalité externe *spécifique* dont les modalités sont définies en fonction de ce qu'elles sont censées *réfléchir*.

11

À fleur de peau ou écorchés vifs ?

« Être bien dans sa peau, bien dans sa tête » – telle est la définition que la plupart des ados donnent du bien-être. Pour eux, la peau y représente le corps, à l'âge où l'apparence fait soi, mais aussi sa sensorialité, ses pulsions et ses capacités d'action. Et bien plus que la seule enveloppe corporelle qui contient les muscles, les os, les nerfs et les organes, comme l'énoncerait un prof de SVT, la peau est également pour les ados un redoutable *écran de projection* : ils cherchent à contrôler ce qu'ils y donnent à voir d'eux, plus ou moins caché ou mis en valeur par les accessoires et les vêtements du look – leur seconde peau, et ils prennent le risque de s'y dévoiler et d'être trahis, en quelque sorte de l'intérieur, par l'expression en surface de leurs affres les plus intimes. C'est sans doute pourquoi l'acné est leur ennemi numéro un, car il figure un jaillissement traître qui expose, au vu et au su de tous, des « problèmes » censés rester secrets. Quant à leur sensibilité, il n'est pas exagéré de dire qu'elle est épidermique, puisque *tout ce qui les touche leur fait de l'effet*, au sens propre comme au figuré. Leur peau définit leur « être-au-monde ». À l'instar de ce qu'en faisaient les hommes premiers, elle est leur passeport identitaire, leur feuille de route existentielle sur laquelle peuvent s'inscrire les choix d'appartenance et les cicatrices des accidents de parcours. Mais ce dont les ados n'ont pas clairement conscience, c'est que leur peau – constituée du derme en dedans et de l'épiderme en dehors – est un entre-deux qui fait *limite* à la surface d'eux-mêmes, et qui peut donc interpeller l'autre, selon que s'y incruste de l'encre ou du métal, ou que s'y tracent des blessures auto-infligées.

Piercings et tatouages

Les ados savent *risquer leur peau* dans des conduites dangereuses. Mais ils savent aussi soumettre cette dernière à l'épreuve du piercing et du tatouage. Depuis la parution d'*Ado à fleur de peau*[1], dans lequel j'explorais le phénomène, il y a dix ans, celui-ci s'est amplifié et élargi jusqu'aux trentenaires, et même jusqu'à certains parents d'ados ! Aux marques vestimentaires du look, s'ajoutent de plus en plus souvent les marques cutanées : piercings, tatouages, plus rarement « écarteurs[2] », et les incrustations d'accessoires sous-cutanés, encore réservés aux adeptes du body-art, pour

1. Pommereau X., *Ado à fleur de peau. Ce que révèle son apparence*, Paris, Albin Michel, 2006.

2. Portés principalement aux lobes des oreilles, il s'agit d'élargisseurs destinés à agrandir progressivement le diamètre du trou pour le parer d'ornements.

faire advenir le corps à un « autre soi-même » – aux formes choisies et non plus subies.

La plupart des ados considèrent aujourd'hui le piercing comme un ornement banal de la mode, un bijou destiné à l'embellissement, et non un insigne de rebelle. Tous n'ont toutefois pas envie de s'en faire poser un sur le visage, et les résistances parentales leur font préférentiellement choisir l'implantation discrète sur le cartilage de l'oreille. Les filles restent deux à trois fois plus nombreuses que les garçons à être tentées par le percement cutané. Eux préfèrent une pointe (sourcil) ou une petite boule de métal au coin des yeux, ce qui révèle l'importance qu'ils accordent au regard pour combattre ou séduire. Les filles imaginent faire valoir leur charme avec un labret autour de la bouche ou sur la lèvre, un anneau (lèvre, narine), ou encore un brillant au nombril. Les plus intrépides d'entre elles optent pour le piercing de la langue. On voit que les stéréotypes sexués ont la vie dure !

L'implantation du piercing reste un « acte de passage », comme le nomme opportunément mon ami David Le Breton[1], c'est-à-dire une épreuve ritualisée marquant l'inscription en adolescence. Souvent envisagé entre 14 et 17 ans, il s'agit d'un rite d'initiation à l'image des ados d'aujourd'hui, mêlant soumission et maîtrise. Mineurs, ils doivent obtenir l'autorisation parentale, ce qui ne va pas manquer d'interroger la fameuse question des limites en famille quant au type de piercing, au siège de l'incrustation,

1. Le Breton D., *Signes d'identité. Tatouages, piercings et autres marques corporelles*, Paris, Métailié, 2002.

au choix du professionnel perceur patenté, au désaccord de l'un des parents, etc. Si l'autorisation est obtenue, l'épreuve se déroulera souvent en compagnie de la meilleure amie. L'ado accepte alors de confier sa peau à un « passeur » qui va la transpercer pour y fixer le sceau préalablement choisi – une *intervention* digne de ce nom puisqu'elle inscrit une transformation en métal chirurgical. Selon la nature du piercing, le frisson de la transgression participe à l'expérience, de même que l'exposition consentie à la souffrance, même minime. Une fois percé, l'ado reprendra la main sur sa peau en ayant à *prendre soin* de son piercing jusqu'à cicatrisation.

Le tatouage pousse, lui, l'acte de passage un peu plus loin, du fait de son caractère indélébile, mais il répond aux mêmes principes. Depuis quelques années, il connaît un engouement sidérant, y compris chez les plus jeunes. Lorsque je fais une conférence devant des élèves de troisième, et que je pose la question « Qui voudrait un tatouage ? », quatre cents bras se lèvent ! L'influence des stars du foot, de la musique ou de la mode joue évidemment à plein. Et la plus grande tolérance sociétale aussi. Comme le dit Vanessa, 16 ans, qui arbore un cœur rouge au poignet : « Mon petit tattoo est trop mignon, même mon père est d'accord, il trouve que ça ne fait pas du tout mauvais genre. » Même si la plupart des moins de 18 ans savent qu'il leur faudra attendre la majorité pour pouvoir porter cette marque définitive, le succès du tatouage témoigne du besoin qu'ont les ados de traverser des expériences ritualisées à valeur initiatique, de s'affirmer et de se distinguer en se dotant de leurs propres marques, et d'être par ce « lien » en communauté avec leurs semblables.

En manque de repères symboliques, mais dans l'obligation d'obtenir le sésame parental, et sans doute également inquiets du devenir de ce marquage, les plus jeunes candidats n'ambitionnent pas de se faire tatouer des motifs couvrant de grandes surfaces de peau, à la différence de leurs aînés trentenaires qui, eux, n'hésitent plus à « revêtir » l'intégralité du bras, de l'épaule ou de la moitié du dos. Les ados affectionnent les petits motifs susceptibles d'exprimer la liberté, leur caractère indomptable, sauvage, exotique, mystérieux (animal, fleur...). C'est d'ailleurs la raison pour laquelle la salamandre a été choisie comme motif de tattoo dans notre simulateur de dialogue ado-adulte *Clash-back*[1], dans lequel le joueur incarne une ado qui doit tenter de décrocher l'autorisation parentale. Les petites phrases calligraphiées dans le cou, du style « aimer c'est vivre », « la vie ne vaut que si elle est partagée », sont également très prisées. Et il est fréquent que les adolescents aient eux-mêmes dessiné le motif du tatouage qu'ils voudraient avoir.

Qu'en pensent les parents ? Ils sont généralement réservés au sujet des piercings, même discrets, surtout sur le visage, et habituellement opposés aux tatouages. Parce qu'ils ont peur du jugement des autres, et craignent que leur ado en pâtisse plus tard, voire qu'il leur reproche alors d'avoir été trop laxistes lorsqu'ils étaient, en quelque sorte, « en charge » de sa peau. Le caractère indélébile du tattoo est évidemment leur préoccupation principale, d'autant plus que les techniques d'effacement par laser laissent subsister des traces blanchâtres. Ces craintes sont légitimes. Mais au lieu de répliquer par un simple « non » catégorique lorsque l'ado en

1. www.clash-back.com

fait la demande, il faut l'interpréter comme une interpellation des limites qui mérite d'être reconnue et discutée. Cela ne signifie pas qu'il faut céder à la première demande. N'oublions pas que l'entre-deux définissant la limite suppose que l'ado puisse se confronter à une certaine résistance pour mieux percevoir sa propre position. Il est important de le laisser développer ses arguments : « C'est beau, c'est top, tout le monde en a un, ce sera mon cadeau d'anniversaire, ça ne fait pas mal, mon amie Chloé va en avoir un aussi, on sait chez quel perceur-tatoueur aller, il est super sécure », etc. De leur côté, les parents doivent distinguer nettement le piercing (qui reste amovible) et le tatouage (qui ne l'est pas). Et faire valoir la butée de leur position : concernant le piercing, il est à éviter avant l'âge de 14 ou 15 ans, car la peau est très remaniée par la puberté ; et tant que l'ado est mineur, refuser celui de la langue ou de la lèvre, en raison des risques infectieux et d'altération dentaire. S'agissant d'une demande de tatouage, elle doit être écartée avant l'âge de 16 ans, compte tenu des remaniements cutanés accompagnant la croissance. En dehors de ces contraintes, l'appréciation de la demande doit prendre en compte l'âge, le siège, l'importance de la marque cutanée envisagée. Il appartient aux parents de faire valoir leur responsabilité jusqu'à la majorité de leur enfant, de rappeler que le tattoo sera peut-être bientôt démodé, notamment si les techniques de marquage virtuel s'imposent et n'obligent plus à injecter de l'encre ; il leur faudra également souligner que la peau vieillit et le tattoo avec, et que le risque de jugement et de discrimination sociale ne peut être exclu dans l'avenir. Quant au coût du tatouage, c'est un aspect non négligeable qui nécessite idéalement la participation financière de l'ado. Ce qui importe, c'est de ne pas empêcher l'ado d'en avoir l'envie et le projet, mais de l'amener à saisir les risques qu'il prend en toute connaissance de cause, et de l'aider à comprendre en quoi les limites parentales sont avant tout destinées à le protéger.

Les vrais problèmes commencent lorsque l'ado se fait percer ou tatouer sans autorisation. Là encore, plutôt que de réagir brutalement, il faut d'abord manifester sa stupéfaction et son inquiétude d'être mis devant le fait accompli. Exiger d'observer minutieusement, mais calmement, la nature de l'implant ou du tattoo, ce qui est en soi une marque de reconnaissance. Évaluer l'importance de la transgression, en tenant compte de l'âge, et saisir les émotions que suscite cette réaction, en sachant que l'absence de toute manifestation affective est plutôt mauvais signe dans une telle situation. S'enquérir de l'opinion de l'autre parent si le couple est séparé, et s'en tenir à son propre point de vue sans dénigrer celui de l'autre en cas de désaccord parental manifeste. Lorsque le passage à l'acte constitue une véritable provocation, il faut tenter de comprendre en quoi celle-ci viserait à rapprocher les parents désunis ou, ce qui revient au même, à dénoncer leur séparation. Est-ce une « réponse » de l'ado en forme de revendication d'autoappartenance, face à une attitude parentale trop rigide, trop possessive et intrusive ? Un message en quête éperdue de reconnaissance ? « Mon fils Paul, dit ce père, avait lâché en route sa première année de fac de droit. Nous habitions alors à Paris dans un petit appartement. Il passait ses journées dans sa chambre sur son ordi, et n'en sortait que pour manger et fumer des joints sur le balcon. Il ne fichait rien, sa mère laissait faire en silence (on cohabitait, à l'époque), je ne le supportais plus. J'avais l'impression d'avoir un légume chez moi, je sais que le mot est fort, mais c'est vraiment ce que je ressentais. À 19 ans, ni projet, ni envie de rien. Et je n'arrivais pas à discuter avec lui, moi je m'énervais, lui partait en pleine dispute, parfois deux, trois jours chez un copain… et puis il revenait. Au bout d'un certain temps, j'ai pris la décision de l'envoyer en Australie avec un petit pécule, ce qu'il a accepté à ma grande surprise. On aurait dit qu'il attendait cette décision. Il y est resté six mois, a fait un tas de petits boulots pour la première fois de sa vie, et je vous le donne en mille : il est revenu non fumeur, avec l'écusson de la ville de Paris tatoué dans le dos, et le projet de partir de lui-même parfaire son anglais à Londres ! J'ai su ce jour-là que son tatouage m'était adressé : Paul tournait enfin le dos à son passé… Comme c'est curieux, depuis, on se voit assez rarement en chair et en os, mais on "skype" et on se parle… »

En matière d'incrustations cutanées, d'autres situations sont beaucoup plus inquiétantes. C'est le cas lorsque l'ado se bricole un piercing artisanal ou s'introduit lui-même de l'encre sous la peau, à l'instar de Stella, 14 ans, qui s'est grossièrement tatoué une tête de mort flanquée d'un « No future » sur la cuisse, à l'aide d'un compas scolaire. De telles tentatives d'automarquage signalent une impasse, celle d'un dialogue impossible et d'une souffrance identitaire qui ne dit pas son nom. L'ado qui va mal est également dans l'excès à travers ce qu'il expose : le « mur de l'Atlantique » sur le visage, hérissé de pointes, ou le cumul de tatouages effrayants, sont à interpréter comme des repoussoirs destinés à clamer haut et fort : « Qui s'y frotte s'y pique », à la mesure de l'insécurité intérieure ressentie. Ces marques corporelles ne cherchent pas à séduire, elles servent de défenses et de surligneurs identitaires. Elles traduisent un besoin de reconnaissance et d'étayage, mais s'exhibent en signes de rupture généralement accompagnés d'autres manifestations tranchant dans le vif de la chair ou des relations à autrui.

Les automutilations

Les *blessures cutanées auto-infligées* accompagnent fréquemment ce type de marquage. Sans doute parce qu'elles représentent des attaques du corps, on les appelle abusivement « automutilations », bien qu'elles n'impliquent pas la section irréversible d'un membre ou d'un organe[1]. Les plus répandues sont les scarifications et, dans une moindre mesure, les brûlures (par abrasion ou action du feu). Typiquement observées chez des jeunes filles pubères entre 12 et 16 ans, elles figurent aujourd'hui parmi les signes manifestes de mal-être les plus précoces, comme les crises de boulimie avec vomissements provoqués auxquelles elles peuvent être associées.

Les scarifications consistent en estafilades superficielles et multiples, effectuées au niveau du poignet ou de l'avant-bras opposé à la main directrice, au moyen d'un objet coupant. Réalisées en secret, elles sont ensuite exhibées ou au

1. Sens du latin *mutilare*.

contraire masquées. En quête d'entre-deux, les jeunes filles scarifiées arborent souvent un pansement de fortune dont l'importance ne peut qu'interroger sur de possibles blessures sous-jacentes. Ce qu'il ne faut d'ailleurs pas hésiter à faire pour les reconnaître et les examiner avec soin. Pour le parent ou l'adulte qui en est le témoin, il s'agit en effet de la meilleure conduite à tenir. Ne surtout pas ignorer le passage à l'acte ou feindre de le faire. Encore moins le banaliser, car au lieu d'éteindre le feu intérieur qui couve, cette attitude ne ferait que le raviver, en l'occurrence étendre le champ des lésions ou les aggraver. Il faut au contraire insister pour voir la blessure, et lorsque l'ado retire prestement son bras après l'avoir montrée, lui demander calmement de laisser son bras meurtri en évidence. Il convient alors, au pied de la lettre, de dialoguer sans cesser de regarder la blessure, comme si l'on s'adressait précisément à la « plaie ambulante » qu'incarne l'ado en souffrance.

Le comble de la maîtrise est atteint lorsque les jeunes scarifiées disposent à la fois d'objets coupants et de matériel de secours. Pendant une séance, Valériane, 15 ans, me dit que, malgré tous ses efforts, « elle ne peut se séparer de ses lames ». Geste à l'appui, elle sort de son sac une trousse contenant, d'une part, des lames de rasoir pour se couper et, d'autre part, le nécessaire de la parfaite secouriste pour panser elle-même ses blessures. Lorsque je lui fais observer cet apparent paradoxe, elle m'explique : « Quand j'ai trop les boules, j'ai besoin de me faire saigner pour ne pas péter un plomb. Voir mon sang couler, ça m'apaise, je le laisse dégouliner le long de mon bras, et puis quand ça commence à sécher, je nettoie mes plaies pour qu'elles ne s'infectent pas... Je ne cherche pas la merde, je veux simplement me calmer... »

Qu'en disent, en effet, la plupart de ces adolescentes ? Elles reconnaissent se faire du mal, sans pour autant donner à leur geste une dimension autodestructrice. Ce type de passage à l'acte est cependant hautement indicateur d'un risque suicidaire. D'une manière ambiguë, certaines admettent retourner contre elles une violence d'abord dirigée contre autrui, mais la plupart évoquent un besoin d'évacuer une pression intérieure intolérable. Elles se disent « à cran » ou « à vif », sans toujours se rendre compte qu'elles vont incarner *de visu* cet état en tailladant leur peau. Elles se coupent pour s'apaiser, drainer le mal-être, réguler le débordement d'affects. L'acte équivaut à une purge, une saignée salvatrice, en même temps que la vue du sang qui coule figure les blessures intérieures qui « saignent ». S'infliger ces coupures ou ces brûlures leur permet littéralement de « reprendre la main » sur la souffrance psychique ressentie. Dans l'espoir de mieux la contrôler, les ados veulent transformer celle-ci en douleur physique et donner une forme circonscrite à leurs souffrances. Répétition oblige, le besoin compulsif de se scarifier peut devenir une conduite addictive. Les jeunes filles avouent alors ne plus pouvoir s'en passer et « craquer » à la moindre tension.

Les abrasions et brûlures de cigarette rappellent étrangement les violences perpétrées sous la torture. L'aspect masochiste de ces maltraitances de soi échappe à la conscience de leurs auteurs qui disent chercher l'apaisement en s'infligeant des sensations cutanées fortes et persistantes. Tout se passe comme si ces adolescentes devaient s'incarner *écorchées vives* pour « se sentir » exister et être davantage reconnues. Torturées dans leur tête, elles restituent ces souffrances en mettant le feu à leurs limites corporelles, à un moment où la puberté les rend particulièrement inflammables. Les brûlures intérieures que représentent une dépendance affective excessive ou un passé traumatique se révèlent alors au grand jour. Notre expérience clinique indique que l'association scarifications-brûlures s'observe dans 80 % des cas chez les jeunes ayant subi des violences sexuelles dans l'enfance.

Pourquoi ces marques s'observent-elles typiquement sur les poignets ou les avant-bras ? Rappelons tout d'abord que sous l'effet de la puberté, garçons et filles sont agités par des courants pulsionnels dont la violence et l'ampleur sont évidemment en rapport avec leur histoire et leur problématique. Mais tandis que les garçons ont tendance à les exprimer en projetant leur corps pubère dans l'action (et souvent l'exaction), les filles font de leur propre corps le théâtre principal des affrontements. Elles se scarifient ou se brûlent pour « faire sortir » leurs tensions intimes et les exposer à fleur de peau. Sans l'inscrire n'importe où : en général, elles ne veulent pas porter gravement atteinte à leur intégrité corporelle ni abîmer davantage l'image dévalorisée qu'elles ont d'elles-mêmes. Leur motivation inconsciente est plutôt d'articuler le *subi* et l'*agi* (ou le passif et l'actif) en rendant littéralement une main victime des attaques de l'autre. Et cette boucle « agir/subir » figure le besoin de contrôler, de maîtriser la souffrance. Facile à revêtir ou à dénuder, le poignet est aussi un endroit du corps où se distinguent par transparence les veines – ces « liens de sang » – que les coupures viendront barrer, rayer, pour dire en images combien l'ado rêverait de pouvoir s'affranchir de ses attaches ou de ses pensées aliénantes. Il s'agit aussi de *faire trace* de son vécu douloureux, puisque, à l'image du tatouage qui reste dans la peau pour la vie, les ados qui se blessent veulent conserver leurs cicatrices, malgré les incitations de leurs parents à se les faire gommer par un dermatologue. « J'aime voir et toucher mes scarifs, avoue Clémentine, 18 ans. Je ne me coupe plus depuis longtemps, mais quand je sens que je vais partir en *live*, je les caresse pour me rappeler, ça me calme... »

Scarifications et abrasions auto-infligées s'observent plus rarement chez les garçons, sauf chez les jeunes homosexuels. Plus typiquement, les garçons qui veulent se faire mal heurtent violemment un mur avec la tête ou les poings, au risque de se briser les phalanges, ou bien saccagent leur chambre, brisant les objets auxquels ils tiennent le plus. Ils peuvent aussi chercher la bagarre à tout propos, comme si risquer de prendre des coups leur donnait, à l'instar du sonar, un *retour* leur prouvant leur existence aux yeux de l'autre. Ils peuvent encore « se faire prendre », comme Joachim, 16 ans, qui a oublié sa carte d'identité sur le siège du passager avant (« la place du mort ») de la voiture volée qu'il venait d'abandonner dans un champ ! Lorsqu'ils se coupent, c'est en général plus profondément, en s'infligeant de véritables phlébotomies.

On doit considérer comme « atypiques » (c'est-à-dire très inquiétantes) les automutilations affectant certaines parties du corps – en particulier la face, le cou, la poitrine, le ventre, le haut des cuisses, voire les organes génitaux. De telles caractéristiques suggèrent l'existence de failles identitaires majeures qui doivent faire évoquer l'hypothèse de graves troubles de la personnalité ou de l'humeur. Jérémy, 15 ans, m'a été adressé par l'infirmière scolaire de son collège. Enfermé dans les toilettes, il s'était gravé deux croix gammées sur les joues avec un cutter, rejouant à sa façon *Inglorious Basterds*[1]. L'adolescent délirant, d'origine ukrainienne, adopté à l'âge de 3 ans, s'accusait « d'être le fils d'un nazi ». Le diagnostic de trouble schizophrénique fut posé trois ans plus tard. Dans ce cas très grave, l'adolescent ne fit aucune difficulté pour être hospitalisé. Une fois sorti de son délire, il fut un peu plus compliqué de lui faire accepter de continuer à prendre son traitement et de se conformer à un suivi régulier. L'adhésion aux soins de ses parents fut en l'occurrence précieuse et permit d'éviter une rupture de la prise en charge.

Mais le refus de l'ado à consulter est un obstacle que nombre de parents connaissent. Hélène, la mère d'Aurélie, en sait quelque chose. Elle vit seule avec sa fille âgée de 16 ans qui multiplie les abrasions et les coupures cutanées depuis quelques mois. Aurélie est également en rupture scolaire et refuse d'aller « revoir un psy ». Elle en a en effet consulté deux, à la demande insistante de sa mère, mais elle n'a vu qu'une fois le premier (« Il ne parlait pas et avait l'air triste et fatigué ») et trois fois la suivante (« La psy ne lui parlait que de l'école et lui faisait des leçons de morale »). « J'étais complètement désemparée, dit Hélène. Je rentrais le soir du travail et je trouvais Aurélie avachie devant la télé en T-shirt et en boxer. Je me précipitais pour examiner si elle avait de nouvelles blessures, elle se dérobait, on s'engueulait,

1. Film de Quentin Tarantino (2009).

je partais fouiller la salle de bains et sa chambre pour trouver ses lames, je devenais folle. C'est une de mes amies qui m'a donné le bon conseil et la bonne adresse : demander à Aurélie de m'accompagner chez le psy pour que je soigne mes propres angoisses. Elle a discutaillé un moment et puis elle a fini par accepter car elle aussi en avait marre de nos disputes. Chez le psy, on a pu parler. Au bout de quelques séances, j'ai compris que j'attisais les blessures d'Aurélie au lieu de les apaiser, avec mes fouilles et mes explorations sans fin. Et puis le psy a proposé à Aurélie de la voir seule, et elle est depuis en thérapie avec lui. Il y a encore des scarifications de temps en temps, mais j'ai l'impression que ça se calme. Aurélie m'a promis de retourner au lycée à la rentrée prochaine, nos relations ont complètement changé. Je vois un psy de mon côté et je fréquente un groupe de parents, ça m'aide beaucoup… »

12

L'anorexie-boulimie : l'enfer alimentaire

L'anorexie mentale et la boulimie nerveuse sont des troubles des conduites alimentaires (TCA) qui ne semblent pas relever, a priori, de l'envie de prendre des risques. Et pourtant… ce n'est pas de l'envie, c'est de la rage ! *Tenter d'exister en pur esprit, au risque d'en mourir.* L'anorexie exprime un besoin de maîtrise poussé à son comble, chez des jeunes filles brillantes, réputées sages, évoluant dans des milieux plutôt favorisés. La boulimie est son envers, survenant par épisodes une fois sur deux chez ces dernières, sous la forme d'une perte de contrôle débridée que les victimes s'efforcent désespérément de réduire, en s'acharnant à en limiter les effets. Ces sommets de « l'extrême alimentaire », les ados concernées ne les fréquentent pas par goût, mais par contrainte, sous l'emprise d'obsessions infernales. Les plus maigres nient longtemps prendre le risque de mourir de dénutrition, jusqu'à ce qu'elles acceptent de « se rendre » aux soins – il s'agit en effet d'une véritable reddition dans leur esprit – par épuisement, sous la pression de leurs parents et de leur médecin. Les jeunes boulimiques sont, elles aussi, d'abord dans le déni du principal risque pris, en l'occurrence l'arrêt cardiaque par chute du taux de potassium dans le sang[1], à force de se faire vomir après chaque séquence de gavage. Les unes et les autres peuvent être envahies d'idées suicidaires lorsqu'elles ont le sentiment qu'elles n'arriveront pas à sortir, seules, de leur enfer alimentaire. Il n'est pas rare non plus qu'aux « scarifications digestives » que représentent les vomissements provoqués, soient associées, comme on l'a vu, les automutilations. Parvenir à convaincre ces jeunes filles qu'elles sont prisonnières d'une forme d'addiction, et que leurs parents sont également les otages de cette maladie, est un préalable indispensable à la prise en charge spécialisée. Dans les cas graves, l'hospitalisation s'impose pour sevrage des crises, reprise d'un poids acceptable, et début d'un travail psychique pour percevoir les enjeux du combat contre la faim ou de l'abandon de soi au lâchage boulimique. La prise de cette décision nécessite souvent plusieurs consultations pour obtenir le consentement de la jeune fille et l'appui de ses parents. Elle craint de perdre le contrôle, et eux n'osent pas s'opposer, au moins au début, à la volonté inflexible des démons intérieurs qui agitent l'ado, de peur de mal faire et d'aggraver la situation. Tant que cette véritable *résistance aux soins* prend le dessus, ceux-ci risquent d'être inefficaces.

La pratique de l'épure

L'anorexie mentale est une maladie complexe qui exprime, dans différents registres, une volonté farouche d'opposition

1. Hypokaliémie.

et de recherche de maîtrise, pour ne pas « perdre pied ». Elle comporte plusieurs déterminants qui s'articulent les uns avec les autres, par emboîtement réciproque. Cet assemblage d'allure « gigogne » rend l'approche difficile de ses causes profondes. Elle frappe d'abord les jeunes filles dans 95 % des cas, comme si la détestation des formes féminines devait mener celles qui en souffrent à une impitoyable « chasse au gras ». Les garçons focalisés sur leur silhouette sont, eux, plutôt dans la « culture du muscle », sous une forme non moins addictive. Les 5 % d'anorexiques-boulimiques au masculin traversent de grandes difficultés identitaires et sont, contrairement aux filles, très réticents pour en parler avec leur entourage.

L'anorexie est caractéristique de la société de consommation. Au « prendre et jeter » du commerce sociétal, elle oppose un « ne rien prendre », ou le moins possible, dans le registre des nourritures consommables susceptibles de « profiter » au corps. Elle traduit en effet un rapport déformé à celui-ci, avec l'obsession de toujours vouloir plus de maigre à différents endroits, jusqu'à n'avoir quasiment plus que la peau sur les os. Au règne de l'apparence marqué par le diktat de la mode qui prône la minceur comme valeur première de séduction, la jeune anorexique répond par une épure affichée qui vise à se vivre en « pur esprit », mais qui a aussi pour objectif inavoué de saisir d'effroi, et non de séduire les autres, pour maîtriser leur regard. La conjugaison de ces exigences intérieures donne à voir une jeune fille qui s'inflige un « régime » par la privation ou la sélection alimentaire draconienne, assorti de tous les moyens d'élimination à sa disposition (vomissements, laxatifs, hyperactivité physique, etc.), et qui s'expose décharnée jusqu'à vouloir rejoindre les podiums de la mode. Soulignons ce malentendu souvent repris par la presse : ce ne sont pas les mannequins maigres qui suscitent des « vocations » en la matière, ce sont les jeunes anorexiques qui sont tentées d'aller y exhiber leurs « squelettes ambulants » pour prétendre contrôler le regard et l'opinion sur elles. *Inaccessibles*, voilà un adjectif qui leur convient. J'ai décrit en détail ces troubles et ces paradoxes dans *Le Mystère de l'anorexie*[1].

Mais l'opposition et la recherche de maîtrise ne s'arrêtent pas là. Elles visent à se défaire d'une situation de dépendance affective aux parents qui met en tension deux forces antagonistes : d'une part, un besoin constant d'éprouver l'amour et la permanence des liens avec ces derniers ; d'autre part, une nécessité de s'extraire de cette relation fusionnelle, et de ne pouvoir y prétendre qu'en contrôlant son propre corps, ses apports et ses échanges, pour le réduire, l'assécher, tenter d'effacer ses mouvements affectifs et pulsionnels. Ce terrible combat ne fait qu'aggraver la dépendance qui se transforme en addiction et fait régresser le corps à des besoins de soins primaires, réduisant la jeune anorexique à un monstrueux « fœtus » en quête d'un cordon ombilical. Sa souffrance est considérable, même si le déni la masque, et l'entreprise est désespérée. L'enfer est évidemment partagé par les parents et, à un moindre degré, par la fratrie. Quoi de plus attaquant pour des parents par essence nourriciers que de voir leur fille refuser de manger, fuir la table familiale, et s'amaigrir au

1. Pommereau X., de Tonnac J. Ph., *Le Mystère de l'anorexie*, Paris, Albin Michel, 2007.

point de devenir proprement spectrale – telle une âme en peine leur jetant les restes de son corps, sinon en pâture, du moins au regard ? Éric et Florence, les parents de Sandra, 16 ans, l'ont encore douloureusement en mémoire. À 14 ans, leur fille a débuté un régime car « elle se trouvait trop grosse des cuisses et du ventre ». Eux ont pris cela au début comme une fantaisie adolescente venant s'ajouter à une autre originalité de Sandra – celle de refuser de manger de la viande. « On ne s'est pas méfiés, dit sa mère. Sandra a toujours adoré les animaux, et elle était contre l'abattage industriel… Là-dessus, elle s'est mise à vouloir fondre des cuisses, avoir le *thigh gap*[1] des mannequins, alors qu'elle était déjà plutôt menue. Et puis elle a commencé à rechigner de plus en plus devant son assiette… À table, elle restait muette, avec un visage de condamnée. Mon mari s'est beaucoup énervé, moi aussi je dois le dire, on exigeait qu'elle mange, et son petit frère Tom pleurait de voir sa sœur malheureuse et nous avec… On finissait par tous pleurer, c'était la galère totale. Alors on a autorisé Sandra à prendre ses repas dans la cuisine. Elle voulait préparer elle-même NOS repas – au passage, c'est une excellente cuisinière – et les siens qui ne ressemblaient à rien : un morceau de concombre, une pomme… et un verre de jus d'orange. On a mis longtemps à nous en rendre compte, car elle jetait la purée, le riz et les pâtes sans le dire. Elle était maigre, mais elle enfilait trois pulls l'un sur l'autre, et elle continuait à aller au collège comme si de rien n'était… en ramenant de

1. Expression anglaise qui désigne « l'écart entre les cuisses » lorsque la personne se tient debout, genoux et pieds serrés.

très bonnes notes. Quand elle a fait un malaise en classe, ils l'ont transférée aux urgences… C'est terrible à dire, mais il a fallu que le psy prononce le mot “anorexie” pour que son père et moi nous réalisions la gravité de la situation… »

Combien de parents connaissent ce parcours du combattant où, d'un côté, leur fille lutte contre la faim, avec un acharnement démultiplié par la hantise de grossir alors qu'elle est déjà très maigre, et où, de l'autre côté, eux cherchent à la sortir de l'ornière anorexique par tous les moyens, en espérant chaque jour un déclic salvateur qui ne vient pas ! Que faut-il qu'ils sachent ? Tout d'abord que l'anorexie mentale est une maladie chronique dont la jeune victime ne sort, en général, qu'au bout de plusieurs années. Entre-temps, se succèdent des périodes de rémission et d'aggravation, ce qui suscite en boucle l'espoir, le doute et la désespérance. Un point capital : les parents doivent également comprendre qu'ils seront impuissants à sortir eux-mêmes leur fille de cet enfer. Ils devront s'en remettre à l'aide d'un professionnel tiers, donc lui faire confiance, au lieu de changer de médecin nutritionniste et de psy au bout de trois rendez-vous, sous prétexte que « rien ne bouge ». Une très mauvaise idée consiste à faire pression sur leur fille au cours des repas pour qu'elle mange à tout prix, avec le chantage pour levier. L'insistance est contre-productive, et les remarques assassines sont absolument à proscrire, de même que les soupirs, les yeux au ciel et les gestes excédés. Petit florilège des « réflexions qui tuent », selon Lola, 16 ans : « Il faut que tu manges, sinon tes organes vont se manger entre eux », « Avec tes petits morceaux découpés, tu manges comme un bébé », « Fais un effort, secoue-toi, y en a marre de cette anorexie, tout ça c'est dans ta tête ».

Il est cependant hors de question de fermer les yeux et de se soumettre à la tyrannie anorexique, lui donnant l'entière maîtrise de la cuisine et de la table familiale. Pas question non plus de faire les courses en fonction des desiderata délirants de l'adolescente, ni de la laisser fuir l'épreuve du repas. Il faut également résister à la tentation de déplacer le « problème alimentaire » en multipliant les propositions de restaurant. De même, éviter de regarder l'assiette de la jeune fille pour évaluer ce qu'elle a mangé, car cette attitude est persécutrice… et ne peut que la pousser à avaler le contenu pour aller le vomir ensuite. Lorsque l'adolescente fait son tri alimentaire, rien ne sert de lui en faire la remarque. Il faut s'efforcer de poursuivre le repas normalement, en sachant que ce n'est pas dans l'assiette que se résoudra le problème. Il ne s'agit pas d'ignorer ce qui est constaté et ostensiblement affiché, encore moins de taire l'inquiétude que provoquent ces comportements. À distance des repas et au calme, les parents doivent souligner combien tout le monde est pris par ces obsessions, sans en rendre l'ado coupable, mais au contraire en parlant d'une maladie qui la tient prisonnière et la famille avec. Tous ont besoin d'en être délivrés, et faire appel aux professionnels pour cela est une nécessité. Pourquoi ? Parce que le trouble anorexique s'inscrit dans la profondeur de l'histoire et de la vie psychique de la jeune fille, ce qui donne toute sa portée au qualificatif de « mentale » apposé à l'anorexie. Cette « maladie des liens » qui tend les échanges affectifs en famille implique obligatoirement les parents sans que ceux-ci en soient coupables, contrairement à ce qui a été longtemps insinué. Les troubles *alimentaires* expriment par métaphore les troubles *relationnels*, et les verbes prendre, donner, garder, rendre, échanger, profiter, jouir sont autant d'aspérités qui compliquent les rapports, les pervertissent, les blessent, les réduisent. Les raisons sont complexes et plurielles, peut-être sous-tendues par une vulnérabilité génétique, souvent marquées par la répétition d'une génération à l'autre, les traumatismes et les drames personnels ou familiaux, etc. Elles ne seront pas forcément toutes élucidées, et le mystère reste parfois entier, mais l'important est d'accepter que leur exploration, même si elle doit se révéler incomplète ou infructueuse, permettra de détendre ces liens d'attachement qui entravent l'ado et ses proches. Pour cela, dans les cas graves, il faudra passer par une hospitalisation assortie d'une période de séparation de quelques semaines – forcément douloureuse, mais indispensable – pour que chacun puisse d'abord se poser, se détendre, puis réaliser combien la maladie corrompt les échanges familiaux. La séparation ne doit pas excéder un mois, mais l'ado et ses parents doivent pouvoir expérimenter leur cruelle réalité affective et relationnelle : ils souffrent de ne pas se voir… et, en même temps, ils craignent la rencontre et s'angoissent à l'idée de retrouver les complications autour du partage des repas.

Que vise l'adolescente anorexique, à son corps défendant ? L'effacement du corps et des rondeurs féminines pour maîtriser ces transformations pubertaires qui lui échappent, elle qui voudrait redevenir enfant[1], s'imaginer asexuée pour que personne ne confonde sa quête affective insondable avec

1. Il est d'ailleurs étonnant de voir réapparaître sur les joues et le dos de la jeune fille anorexique le *lanugo* – ce fin duvet qui recouvre le corps du fœtus et qui disparaît après la naissance en très peu de temps.

quelque appel des chairs – ce « commerce de muqueuses » qu'elle abhorre et méprise à la fois puisqu'elle se veut pure, au-dessus de la bestialité. Comment en effet redevenir autrement cette « petite », cet « ange » que dorénavant elle n'est plus, risquant – croit-elle – de perdre pour toujours l'amour de ses proches dont elle est terriblement dépendante ? Et l'on retrouve dans les cas les plus graves ce fantasme inconscient caractérisant les jeunes suicidaires : effacer sa corporéité pour exister davantage mort que vivant aux dépens des proches. Avec la même volonté de les sidérer, de les impressionner à jamais comme on le dirait au sens photographique du terme. Les jeunes anorexiques ne font pas que vouloir faire fondre ce corps en trop, en bloquant toutes les entrées et en favorisant toutes les sorties, au sens propre et au sens figuré. Elles veulent, je l'ai dit, saisir d'effroi ceux qui les regardent. Le jeune suicidant laisse des traces de son passage à l'acte, cherche à marquer profondément ceux qui vont le retrouver – mort ou vif; la jeune fille anorexique, en dépit de ses trophées scolaires et intellectuels, ne cesse de délivrer les preuves qu'elle est une morte-vivante. C'est une tentative désespérée pour elle d'exister autrement. Ce corps qui fait problème, elle le donne à voir en négatif. Elle va briller par son effacement, devenir l'ombre d'elle-même.

L'esprit, le cœur et le corps, voilà les trois entités que l'anorexie mentale désolidarise. L'esprit, c'est peu de dire qu'il est vif chez ces jeunes filles qui surinvestissent l'intellect et qui se voudraient des âmes ambulantes seulement affamées de savoir et de maîtrise. Le cœur – entendons la sphère affective – est le siège de besoins, nous venons de le voir, tout aussi inconciliables qu'irréductibles. Le corps est le seul élément sur lequel l'esprit pense avoir assez d'emprise pour l'asservir et le réduire afin d'assécher le cœur, et ainsi se débarrasser de tous les affects, de toutes les émotions dérangeantes et contradictoires que la sexualisation pubertaire complique. Une cause pour ces combattantes de la faim : flotter sur le monde comme de purs esprits. S'éclaire ainsi l'étrange rapport qu'entretiennent les anorexiques avec la nourriture. Tant que celle-ci reste dans le domaine intellectuel et spirituel, il n'y a pas de problème. Mais lorsqu'il s'agit de denrées alimentaires, hors de question de laisser le corps s'en repaître, surtout lorsqu'elles sont suspectées d'enrichir (de gras) les formes féminines, que leur aspect et leur consistance inspirent le dégoût, et que le simple fait de prendre – c'est-à-dire à la fois d'absorber et de profiter des aliments – équivaut à se laisser aller à la faiblesse du « commerce des chairs ». Alors que tout un chacun a plaisir à donner, recevoir et partager avec les autres au cours de l'acte alimentaire, la plupart de ces jeunes filles voient cet acte comme une obscénité, un forçage, un abus allant jusqu'à convoquer le traumatisme sexuel. Elles sont incapables de recevoir en elles quelque chose de l'autre qui risque de les modifier profondément. La nourriture est alors vécue comme persécution et intrusion. Prendre du plaisir à manger revient à se livrer à la jouissance des organes. Et c'est un renoncement à la pureté de l'enfance qui semble insurmontable. Alors elles filtrent les entrées, se ferment à tout pour se constituer une bulle étanche, et se rigidifient pour ne rien lâcher lorsqu'elles sont en phase restrictive active.

Elles s'emploient ainsi à faire saillir l'os pour devenir de véritables squelettes ambulants. On a vu l'impact que cette figuration morbide pouvait avoir sur les autres, les transformant en témoins impuissants d'un naufrage proclamé. On se souvient de l'affichage public de ce jeune mannequin décédé de complications pulmonaires liées à la cachexie. Elle s'étalait nue et squelettique sur d'immenses panneaux publicitaires pour, disait-elle, dénoncer le diktat de la minceur, sans être consciente que cette exhibition provocatrice pouvait s'interpréter comme une proclamation toute-puissante : « Avec moi, vous tomberez sur un os. » Mais pour les jeunes filles anorexiques, s'incarner de la sorte a également pour objectif de se rassurer, d'étayer leur volonté de fer sur la seule chose qui ne plie pas en soi – le squelette. Faute de pouvoir s'appuyer sur le regard des autres, elles se raccrochent en quelque sorte à leur propre charpente pour ne pas sombrer. Elles ne peuvent compter, pensent-elles, que sur elles-mêmes, et ce cercle vicieux les épuise, les isole et aggrave leur solitude morale. Elles « doivent » maigrir et vérifier par elles-mêmes qu'elles fondent à vue d'œil, preuves par le toucher à l'appui. Elles ne se contentent pas en effet de mesurer sur elles le creux que forme l'intérieur de leurs cuisses serrées. Elles ne cessent de se tâter les clavicules, les côtes, le sternum et le sacrum pour contrôler que l'os pointe et que la chair ne profite pas. Une victoire du « dur » sur le « mou » qui non seulement préfigure le triomphe de l'esprit inflexible sur la chair amollie, mais qui réalise aussi une vérification des étayages internes, une évaluation constante de l'échafaudage intérieur tenant l'ensemble debout.

Quelques signes d'anorexie mentale à reconnaître

– Amaigrissement rapide, spectaculaire et inexpliqué,
– Hantise obsédante de grossir, sans rapport avec la corpulence réelle,
– Aménorrhée chez une jeune fille pubère,
– TOC[1] à table et hors de la table (comptage, ordre des tâches, propreté, disposition des objets, etc.),
– Ingestion des aliments dans le désordre et le mélange des genres (ex. : pain trempé dans le yaourt),
– Chasse aux calories et leur comptage systématique,
– Évocation de plats et principes culinaires, à toute heure, de manière inadaptée,
– Volonté de prendre le contrôle sur la cuisine pour préparer des plats destinés uniquement aux autres,
– Tri alimentaire (ex. : éliminer tous les féculents, enlever les morceaux de gras du saucisson),
– Réduction des aliments en tout petits morceaux dans l'assiette,
– Exclusions anarchiques et excessives de certains types d'aliments (ex. : sucre, matière grasse),
– Peur constante de l'ado qu'on regarde dans son assiette, ou qu'on l'observe en train de manger,
– Utilisation excessive de sel et d'épices (pour donner du goût aux aliments « allégés » en sucre et en gras),
– Mastication laborieuse et excessive,

1. Troubles obsessionnels compulsifs.

– Sorties de table avant la fin du repas,

– Déplacements aux toilettes dans le quart d'heure qui suit la prise alimentaire,

– Prises fréquentes de laxatifs,

– Hyperactivité physique compulsive (marcher, courir, rester debout des heures, etc.),

– Caches de provisions dans la chambre, ou pire : caches de sacs de vomi,

– Chambre parfumée à l'excès pour masquer les odeurs (vomi, flatulences),

– Pillages réguliers des placards et réserves alimentaires,

– Disparition systématique de tout emballage alimentaire,

– Vols d'argent dans le but de s'acheter de quoi faire des crises de boulimie, et kleptomanie sans autre objectif que d'amasser des objets hétéroclites,

– Refus de se peser ou excès de pesées,

– Potomanie (eau, thé), pour éprouver une sensation de réplétion rapide, « faire passer » les aliments, éliminer, pouvoir vomir plus facilement,

– Bains et douches en grand nombre,

– Vérification permanente du tour des poignets, du cou, des cuisses, des bras,

– Excoriations et callosités sur le dos de la main liées à la pratique des vomissements provoqués,

– *Lanugo*, assèchement de la peau, perte de cheveux, ongles cassants,

– Touchers fréquents des clavicules, côtes, épines iliaques du bassin, sacrum,

– Brossage itératif des dents,

– Constipation chronique, épisodes de diarrhées,

– Obsessions pour porter des vêtements de taille 32, au maximum 34.

Le lâchage boulimique

Une jeune anorexique sur deux ne souffre pas seulement de restriction alimentaire assortie de tous les moyens d'évacuation imaginables pour éviter de « profiter » du peu qu'elle a pu avaler. Elle connaît des épisodes de boulimie *nerveuse* – c'est le terme consacré – au cours desquels elle ingurgite quantité d'aliments qu'elle s'interdit formellement d'ordinaire. Chez les anorexiques-boulimiques, ce qui frappe, c'est ce mouvement de va-et-vient entre la retenue et le lâchage, voire leur coexistence au propre et au figuré. Le jeûne serré qui s'accompagne d'une boulimie intellectuelle frénétique ; le règne de l'exigence quasi spartiate dans divers registres pouvant aller de pair avec le désordre, la négligence de la tenue, le laisser-aller ; l'obsession de la chasse aux calories et d'étonnantes entorses vis-à-vis d'aliments réputés très gras, etc. Contre toute attente, je trouve cela plutôt rassurant, dans une certaine mesure bien sûr, car ce mouvement de balancier équivaut à une respiration et signifie qu'il y a du désir réprimé. La jeune fille anorexique-boulimique veut assécher son corps et son affectivité, mais c'est une affamée qui s'ignore, avide de tendresse, d'affection, de douceurs. Elle déteste l'huile et le gras mais rêve de cajoleries onctueuses. Le problème, c'est qu'elle en est insatiable et que cette avidité risque toujours de la déborder, puis de la dégoûter de s'être ainsi livrée corps et âme à la débauche des chairs. Affamée de câlins, elle se cabre devant les étreintes qui empestent la sexualité. Alors, par peur de confondre tendresse et abandon, elle mettra son ardeur à réprimer ce désir profond… et par moments dérapera.

Le lâchage alimentaire consiste à ingurgiter une grande quantité de nourriture en un temps record. Généralement, la crise de boulimie fait suite à une période de restriction intense qui a épuisé l'adolescente. Voilà comment Julia, 16 ans, décrit une crise. Au bout d'un certain temps de retenue, lorsqu'elle a beaucoup combattu la faim, qu'elle s'est infligée une discipline scolaire de fer, que sa lutte s'exerce même contre son sommeil suspecté d'être un insupportable amollissement, Julia craque. Elle n'en peut plus de toutes ces contraintes. Elle fait une crise de boulimie. Habituellement, elle en anticipe la survenue sans savoir à quel moment elle va se produire. Anticiper pour elle consiste à avoir sous la main des aliments dont elle apprécie le goût, et d'autres qui vont lui servir de lubrifiant lorsque viendra le moment de vomir. Soudain, le besoin incoercible d'une crise se fait sentir : personne dans les parages, les parents ne sont pas encore rentrés. Julia allume la télé et se prépare un plateau. Des tranches de pain, du Nutella, du fromage, des paquets de gâteaux secs, des glaces, un reste de crème au caramel. De quoi faire un sérieux goûter pour au moins quatre personnes, sauf que Julia est seule et qu'elle va ingurgiter tout cela sans s'arrêter, comme si elle était un robot, alternant les « solides » et les « lubrifiants ». Jusqu'à ne plus pouvoir rien prendre, avoir le ventre distendu, avoir mal, se sentir déformée, et surtout se dégoûter d'elle-même : « Tu n'es qu'une grosse truie dégueulasse, voilà ce que je me dis en me regardant dans la glace », avoue Julia. Elle boit alors de l'eau tiède, le plus possible, et se rend aux toilettes. Elle se met à genoux devant la cuvette, appuie avec son poing sur son estomac ou se met les doigts dans la gorge si ça ne marche pas. Elle vomit par saccades. Si elle pouvait le faire sans inquiéter le voisinage, elle hurlerait « comme une louve blessée ». Les vomissements sont douloureux et surtout épuisants. De plus, elle n'est jamais sûre d'avoir pu se vider totalement. Lorsqu'elle se relève, elle a le vertige et elle est épuisée. Elle nettoie toutes les traces et regagne sa chambre pour s'allonger sur son lit. La crise est passée… jusqu'à la prochaine.

Yves, le père de Johanna, 15 ans, le reconnaît après un an de thérapie familiale. « Je croyais que ma fille ne faisait aucun effort pour changer, qu'elle manquait de volonté, dit-il. Je lui disais d'ailleurs que ses seuls efforts c'était pour se faire vomir, ça la mettait hors d'elle. Et quand elle quittait la table pour aller "se doucher" en mettant sa musique "metal" très fort, je hurlais : "Je sais ce que tu es en train de faire, pas la peine de te cacher !" Sa mère dont je suis séparé m'injuriait au téléphone chaque fois qu'on en parlait, elle comprenait la souffrance de Johanna… ayant été elle-même anorexique quand elle était jeune. J'ai lu des bouquins là-dessus, mais ça ne changeait pas ma vision du problème. Je pensais qu'elle se laissait aller… J'ai même imaginé que c'était moi qu'elle vomissait finalement… Jusqu'au jour où lors d'une séance avec le psy Johanna m'a fixé du regard et m'a dit la chose suivante : "Tu sais Papa, c'est un enfer pour toi, mais pour moi aussi…" Et puis elle s'est jetée dans mes bras en pleurant et en me disant qu'elle m'aimait, qu'elle s'en voulait de me faire du mal. C'était la première fois que ça arrivait, ça m'a fait un électrochoc, j'ai compris que ma fille et moi on était tous les deux victimes de cette maladie dégueulasse… »

L'importance de la honte et de la culpabilité dans ce cercle infernal privation-lâchage-dégoût-vidange ne doit pas échapper à l'entourage. Faire « avouer » ces jeunes filles, les mettre « le nez dans leur vomi » (selon l'expression d'une mère de jeune boulimique), les punir ou exiger des promesses, non seulement n'a aucune valeur aidante ou thérapeutique, mais aggrave leur vécu douloureux. La honte que ces jeunes filles éprouvent devant ces crises qu'elles ne peuvent dominer et qu'elles effectuent en cachette s'accompagne d'un effondrement de l'estime de soi et d'un terrible sentiment de culpabilité qui les étreint. Consciemment, elles s'accusent de n'avoir pu résister et d'être passées à l'acte, d'être « bonnes à rien », de ne pas avoir réussi à tenir leurs promesses, d'avoir volé de l'argent aux parents et d'avoir fait des dépenses alimentaires excessives. Elles s'en veulent de ne pas parvenir à se contrôler, et elles savent que leur conduite relève de l'addiction puisque au soulagement espéré – et souvent obtenu, mais de manière fugace – succédera à nouveau, à plus ou moins brève échéance, l'irrépressible « envie » de refaire une crise. Et lorsqu'elles prennent du poids, malgré les manœuvres d'élimination, leur souffrance est à son comble, suscitant des idées suicidaires et des actes d'automutilation. Les soubassements inconscients des sentiments de honte et de culpabilité, liés aux divers sens qu'exprime la « transgression alimentaire », par définition inaccessibles dans la relation parents-ado, ne peuvent se travailler qu'avec l'aide d'un spécialiste ou d'une équipe soignante, autour du couple abandon-maîtrise.

Depuis une quinzaine d'années, on assiste à une augmentation sensible des crises de boulimie *à poids normal* chez les ados, entre 13 et 18 ans, avec une prévalence estimée de 2 % chez les filles et de 0,5 % chez les garçons. Le culte sociétal de la minceur et la « publicité » faite autour des TCA participent à l'accroissement du phénomène, sachant que la problématique n'échappe pas, comme on l'a vu au sujet d'autres conduites à risque, à l'observation suivante : les *troubles des consommations*, quelles qu'en soient les causes, sont les formes que prennent un certain nombre de symptômes dans une société d'hyper-consommation.

Quelques signes de boulimie nerveuse à reconnaître

– Alternance d'épisodes de restriction alimentaire et de crises de boulimie,

– Hantise de grossir, sans rapport avec la corpulence réelle,

– Préoccupations obsédantes centrées sur l'image corporelle,

– Gonflement des glandes parotides donnant un aspect de « bajoues » au visage,

– Saignements de la gorge dus aux vomissements provoqués,

– Éraflures sur le dos de la main dues aux gestes déclencheurs des vomissements,

– Idée obsédante que se mettre à manger risque de déraper vers le lâchage boulimique,

– Yeux rougis après un séjour aux toilettes ou dans la salle de bains,

– Dents cassantes, altération de l'émail dentaire,

– Douches pluriquotidiennes,

– Odeurs de vomi dans la chambre,

– Restes de vomi autour de la cuvette des toilettes,

– Ingestion des aliments dans un ordre donné,

– Utilisation abusive de laxatifs et de diurétiques,

– Stockage inconsidéré d'aliments,

– Stratégies d'évitement vis-à-vis des « lieux à risque » par peur du lâchage,

– Obsession des régimes,

– Hyperactivité physique compulsive (marcher, courir, s'exposer au froid),

– Pillages des placards et réserves alimentaires,

– Disparition anormale des emballages alimentaires,

– Vols d'argent dans le but de s'acheter de quoi faire des crises de boulimie,

– Potomanie,

– Kleptomanie.

13

Attention, chats sauvages !

Bondir plus vite que son ombre est indissociable de l'adolescence, et les filles, en la matière, n'ont rien à envier aux garçons. La violence agie des jeunes filles d'aujourd'hui serait d'ailleurs un sujet à lui tout seul. Au besoin de prendre des risques, viennent s'ajouter l'impulsivité et le débordement des émotions. Et c'est parfois après coup que l'ado comprend qu'il a été trop loin, avec des conséquences qui peuvent être graves pour lui comme pour les autres.

« Igor venait d'avoir 15 ans, raconte Natacha, sa mère. Je ne l'ai pas mesuré, mais il avait fait une sacrée poussée de croissance dans l'année, puisqu'il avait pris dix ou quinze centimètres facile. Un matin, je rentre dans sa chambre pour le faire lever, ouvrir ses volets… et aussi aérer. Cette odeur de fauve ! Et lui, en hibernation sous sa couette, grognant comme un ours qu'on dérange. “Igor, c'est l'heure !” Dix fois, vingt fois, rien ne se passe. Je m'énerve. J'attrape la couette et je la retire violemment, le découvrant blotti, en caleçon, tel un gros bébé ébouriffé, l'image m'est restée. Et là, d'un seul coup, c'est l'apocalypse. Il se dresse debout sur son lit, me bondit dessus et me saisit à la gorge en hurlant :

"C'est bon !!! Tu m'fais chier !!! OK ???" Il n'a pas serré, heureusement, mais j'ai vu dans ses yeux des éclairs meurtriers. Je me suis effondrée en pleurs, lui aussi, on a fait un câlin, et puis il est parti se doucher avant d'aller au collège. On n'en a jamais reparlé depuis, mais j'ai su ce jour-là qu'il fallait faire attention à ses réactions… »

Le bazar dans la chambre

À la fois cocon et terrier, la chambre de l'ado est un refuge dont le chaos apparent en dit long sur les courants contraires qui s'y manifestent : doudous et jouets de la petite enfance conservés avec soin ou au contraire déchirés et amputés, accessoires de mode éparpillés et objets hétéroclites mis en évidence pour exprimer la révolte, la défense des opprimés, l'autonomie, et le basculement vers de nouveaux intérêts, etc. L'adolescent baigne littéralement dans ces « eaux troubles » imprégnées de lui, de ses humeurs, de ses contradictions. Il s'y sent à l'abri de la violence du monde, s'y complaît et s'en échappe pour mieux revenir s'y retrouver. Sa chambre est à son image : elle est agitée et changeante. Au cœur du désordre, s'expriment en effet Éros et Thanatos qui y soufflent un vent violent : les pulsions sexuelles, accompagnées par les angoisses de mort. Les ados n'ont pas conscience que leur chambre parle autant de leur intimité psychique. Sans le savoir, ils projettent dans cet *intérieur* tous les désordres qu'ils ont dans la tête. Aux objets de « petits » et de « grands » qui témoignent de leur situation intermédiaire entre enfance et âge adulte, s'ajoute un

« bazar » à haute valeur métaphorique : mélange d'affaires sales et d'affaires propres, lit en vrac ou plutôt « couche défaite » (symbolisant toutes les *scènes* passées et à venir), posters monstrueux, affichages provocateurs, classeurs de cours éventrés au sol (exigences parentales au tapis !), etc. Bien entendu, ce bazar est mal reçu par les parents qui pensent y voir leur éducation et leur ordre contestés, s'inquiètent des nouvelles « préoccupations » de leur enfant devenu grand, craignent qu'il y file un mauvais coton. À eux de comprendre que l'ado, à son corps défendant, a besoin d'exprimer son désordre intérieur, mais qu'il espère secrètement que ses parents bordent son désordre, le contiennent, le prennent en considération, et qu'ils l'invitent *à ranger ses affaires* – ce qui doit s'entendre au sens propre et au figuré. Alors qu'il s'enferme dans sa chambre lorsqu'il est là, il laisse souvent la porte ouverte en son absence, comme s'il voulait que ses parents constatent l'ampleur des « dégâts ». Quand il revient, il prend un air étonné ou blasé face à un nouveau *rappel à l'ordre*. Ne nous y trompons pas : ce « jeu » fatigant est une vérification de la permanence des limites qui ne dit pas son nom. Et le message doit être répété car l'ado résiste : se soumettre lui est impossible et il éprouve ainsi, sans en avoir pleinement conscience, la solidité et la fiabilité de la contenance parentale. C'est pourquoi il ne faut pas lâcher, et refaire inlassablement la même demande : si étonnant que cela puisse paraître, c'est dans la répétition que nous situons notre position d'adultes, exactement comme une balise indique sans cesse le danger.

Seulement voilà : pour nombre de parents, assurer cette contenance est jugé épuisant. En rentrant du travail, certains disent vouloir d'abord et avant tout « la paix » à la maison et cherchent à éviter tout conflit, jusqu'à ce qu'une nouvelle provocation de l'ado mette le feu aux poudres. D'autres « baissent les bras », parce qu'ils s'estiment totalement inefficaces et qu'ils craignent de se faire rejeter par leur enfant, à force de lui « prendre la tête ». Ceux-là risquent de se faire envahir par les effets épars de l'ado en quête de contenance qui *occupera* les espaces communs jusqu'à ce qu'on l'invite à rapatrier ses affaires dans sa chambre. D'autres parents, au contraire, passent à l'acte en effectuant eux-mêmes le « grand rangement », au nom du respect de l'hygiène et avec la tentation inavouée de farfouiller dans ses affaires pour en savoir davantage sur ses pratiques. Ces parents-là doivent prendre conscience qu'ils risquent d'être confrontés à des réactions explosives, peut-être même dramatiques, car mettre des effets personnels de l'ado dans un sac-poubelle est une manière de traiter l'intérieur de l'ado en amas d'ordures, tandis que la violation territoriale qui lui est infligée est une atteinte à son intimité. Je me souviens du cas d'Alexandra, 16 ans, venue me voir flanquée de ses deux parents. Alexandra « pète un plomb » régulièrement. Son père a lu sur Internet que sa fille présentait peut-être les signes d'un trouble borderline. La raison est évidente à ses yeux : elle change de petit copain régulièrement (instabilité), elle se drogue (elle fume de l'herbe). Ce qui inquiète le père, c'est qu'il a lu que les enfants borderline peuvent commettre des actes délictueux ou finir par se suicider. « Alors, explique le père, quand elle rentre tard d'un prétendu anniversaire chez une de ses copines, je vais frapper à sa porte à 8 heures du matin pour lui faire faire un test urinaire, afin de détecter les traces de cannabis. » La mère, de son côté, raconte : « Moi, je vais dans sa chambre. Je ne frappe pas et je fouille, pour voir si tout est normal, si elle ne cache rien. » Dans ces conditions, on peut comprendre les crises d'Alexandra, qui se sent traquée, épiée, enfermée, forcée. Je pose alors la question suivante : « Vous êtes douaniers ou parents ? » Alexandra qui est restée silencieuse durant l'entrevue relève soudain la tête. Le dialogue va pouvoir s'entamer.

Le feu aux poudres

D'une manière générale, pousser un ado dans ses retranchements n'est vraiment pas à conseiller, car la situation peut rapidement dégénérer. Si la naissance et la mort font violence à l'être humain, la première en le précipitant à la lumière de la vie, la seconde en lui prescrivant son inéluctable finitude, *l'adolescence est une violence* dont la traversée est tumultueuse, pour le sujet lui-même comme pour ceux qui l'entourent, avec des tempêtes qui ne sont pas toujours annoncées. La métamorphose pubertaire « pousse » dans tous les sens du terme. Les hormones, la croissance, le corps génital et les pulsions sexuelles transforment l'ado *à lui-même et aux autres*, imprègnent ses pensées, ses émotions, ses sentiments et ses mouvements. Du côté de l'ado, des peurs nouvelles se font jour : d'abord celle de se sentir déformé, *changé*, parfois de devenir monstrueux sans pouvoir le dire, avec ce « diable au corps » dont ne cessent de parler ses parents. Puis la crainte d'être injustement déconsidéré pour une *transformation subie* qui modifie son rapport aux règles de vie et aux exigences des adultes qui l'ont en charge : quelle que soit son attitude, il s'attend constamment à être critiqué sur sa nervosité ou sa passivité, son expansivité ou sa retenue, ses idées, son physique, ses gestes, etc., avec à l'appui de ses détracteurs toutes les comparaisons familiales qui, positives ou négatives, le dépossèdent de sa singularité. Enfin, il ressent la peur fondée ou infondée de devoir comparaître régulièrement au « tribunal de l'adolescence », et d'y être jugé pour ses engagements, ses mouvements et ses fréquentations, chaque « sentence » d'un adulte surlignant les mots injustice, manque de liberté, incompréhension, rejet, condamnation sans preuve, etc.

Alimentées par les carburants hormonaux et ces diverses interactions inflammables, les réactions de l'ado deviennent difficiles à anticiper. Il peut se montrer placide face aux critiques, et soudain se déchaîner. Son impulsivité le met à *vif* dès qu'on le « cherche », tandis que les contraintes et les frustrations aiguisent et décuplent son agressivité. Clémentine, 15 ans, monte avec les élèves de sa classe dans l'autocar, en vue d'une sortie scolaire encadrée par ses professeurs. L'adolescente croit avoir entendu que les portables sont autorisés. L'écran du sien est cassé, Thomas est d'accord pour lui prêter son appareil, et elle se dispose à faire un selfie avec certains de ses camarades. Un professeur intervient d'un ton rude.

– Donnez-moi ce portable immédiatement, dit-il.

– Mais je croyais qu'on avait le droit, répond Clémentine.

– Quelle insolence ! Vous vous fichez de moi et ma

patience a des limites, dépêchez-vous de me donner ce portable !

– Non, c'est celui de Thomas, s'énerve la jeune fille, je dois le lui rendre.

– Eh bien puisque c'est comme ça, descendez du car, vous serez retenue en salle d'étude pendant la sortie, allez, levez-vous !

Clémentine se lève en hurlant et en répétant : « Je vais péter un câble !!! » Thomas tente de la calmer en vain. Elle se frappe violemment la tête contre la vitre du bus à plusieurs reprises, avant de se briser deux doigts dans un terrible coup de poing assené contre le dossier de son siège. Trois mois plus tard, Clémentine me dira en thérapie : « J'ai eu une sorte de vertige, tout tournait autour de moi. Le prof m'a déclenchée, je me sentais jugée, je n'avais rien fait de mal. J'ai été à deux doigts de le frapper. Il a mieux valu que ce soit les miens que je casse… »

La réactivité épidermique de l'ado, ses sautes d'humeur et ses emportements fréquents bouleversent son rapport au monde – à commencer par le « petit monde » de sa vie de famille. Les parents voient leur « enfant » leur échapper, contester ouvertement leurs positions en soupirant, se rebeller avec aplomb. L'adolescent d'aujourd'hui prend la parole à égalité avec les adultes. Ses reparties font mouche et augmentent les tensions, car les parents éprouvent souvent, eux aussi, un sentiment d'injustice, de manque de gratitude. Ils croient bien faire, dans l'intérêt de leur enfant, sans avoir toujours conscience que leurs exigences, la manière de les formuler, les domaines qu'elles concernent, suscitent des mouvements de révolte, car dans la tête de l'adolescent, *se soumettre c'est se démettre*. Et les deux camps s'affrontent sur des logiques antagonistes, les parents voulant tempérer, voire retenir – même s'ils s'en défendent – l'irrésistible élan qui pousse le « petit » devenu « grand » à les contester, à chercher à se défaire de leur emprise, à les quitter, tandis que la sexualisation des liens l'oblige au quotidien à *prendre ses distances* vis-à-vis d'eux et de sa fratrie. Il agit souvent *sur le mode de la rupture* (clash, retrait, isolement, opposition, contradiction), répondant ainsi à une nécessité de différenciation que restitue d'ailleurs le latin *secare*, « couper, diviser », à l'origine du mot « sexe ». Quoi qu'en disent les opposants à la pensée freudienne, la réactivation du complexe d'Œdipe est bel et bien à l'œuvre ! Elle souffle sur les braises des modes de vie actuels, sur fond de dépendance (affective, matérielle) majeure et durable. Elle ravive les attachements et les déchirements, avec pour scènes de confrontations les situations monoparentales excluant l'un des parents, les ménages à non-dits, les ruptures et les recompositions familiales, tout autant que les cohabitations qui traînent en longueur sur le mode « *Tanguy*[1] ».

Les adultes n'ont pas toujours conscience que les réactions agressives de l'ado peuvent être aussi des réponses aux violences que ce dernier subit ou croit subir de leur part. Les intrusions, les injustices, les attaques et rabaissements narcissiques figurent en tête de liste des déclencheurs pouvant mettre le feu aux poudres. Il en est ainsi des fouilles de sa

1. Film réalisé par Étienne Chatiliez, sorti en 2001, sur le thème des complications de la vie de famille lorsqu'un jeune adulte (Tanguy) vit encore, à 28 ans, chez ses parents.

chambre, des interrogatoires serrés, des accusations non fondées, des punitions injustes ou disproportionnées (« Personne n'ayant rendu la trousse que Yohann s'est fait voler, toute la classe a quatre heures de colle »). C'est également le cas des revirements de position injustifiés annulant, par exemple, une autorisation parentale jusque-là accordée, et des humiliations publiques délibérées ou non. D'autres détonateurs sont classiques : les petites phrases assassines à répétition (« Il va vraiment falloir que je te prenne un rendez-vous chez le dermato, tu es couvert de boutons. »), les propos désobligeants à l'encontre de ses amis (« Cette pauvre Mélanie a l'air d'une vraie pouffe. »), ou encore les allusions méprisantes à ses échecs scolaires (« Plus nul que toi en maths, ce n'est pas possible. »).

Quant aux principaux griefs qui énervent les parents et peuvent rendre la relation explosive, ce sont les mensonges éhontés (avec ou sans découverte de trafics clandestins), les mauvais résultats scolaires attribués à un manque de travail évident, la nonchalance appuyée et le manque d'entrain lorsqu'il s'agit de participer aux activités ménagères et à la vie de famille. Les injures ne manquent pas d'engager les hostilités, mais il est à noter que le seuil de tolérance parentale est aujourd'hui beaucoup plus élevé qu'autrefois. Les parents supportent davantage l'insolence et la grossièreté comme modes de réponse contradictoires, du style « T'es chiant », « Quel con ! », « Vieux naze ! », etc. Dans beaucoup de familles, il faut des gros mots très insultants comme « Salope ! » adressé à la mère ou « Connard ! » au père, pour qu'ils réagissent. Force est cependant de constater que certains parents se laissent *maltraiter*, le mot n'est pas trop fort, en mots et en actes, de peur de perdre l'amour de leur enfant. Cet « enfant-roi » reconnu comme *une personne qui a son mot à dire*, ne s'en prive pas, à égalité avec les adultes. Dans les situations les plus problématiques, l'autorité parentale doit alors *se marchander* à coups de promesses d'achats et d'élargissement des libertés d'aller et venir.

Les mêmes sources de tension se déclinent à l'école et en société, dans les relations ados-adultes, mais aussi entre pairs parmi les jeunes eux-mêmes. Sans aborder ici les violences antisociales les plus graves, nombre d'incivilités et d'agressions en apparence « gratuites » sont en réalité des réponses, certes inappropriées, à la conviction réelle ou supposée d'être victime d'un *manque de respect*. Chez les ados.com, pour qui la reconnaissance de l'image de soi est capitale, le « mauvais regard » porté sur eux est un véritable détonateur.

« Il m'a mal regardé, il ne m'a pas respecté ! » Voilà une phrase que l'on entend souvent dans la bouche des ados qui sont très sensibles au regard supposé jugeant ou désapprobateur d'autrui. C'est sans doute pour s'en protéger que ceux qui se sentent le plus vulnérables portent une capuche ou une casquette rabattue sur les yeux, ou qu'ils arborent une mèche de cheveux leur barrant le visage. Il est question de regard dans le mot latin *respectus* qui signifie d'abord « regard en arrière », avant d'évoluer vers le sens de « point de vue distancié », puis de « prise en considération, égards ». Il y a donc du recul, de la distance dans l'idée de traiter quelqu'un avec les égards dus à sa condition. S'agissant d'un ado, c'est cette capacité à lui manifester de la considération, sans le regarder de travers ni le rabaisser, qui permet aux adultes l'ayant en charge d'avoir une attitude respectueuse, donc respectable.

Comment éviter les « coups de griffes » ?

À chaud, il faut se souvenir que la violence engendre toujours de la violence, et que face à un ado *hors de lui*, il faut impérativement éviter de l'affronter debout (on ne se bat pas assis), de pénétrer son espace personnel (il y a violation territoriale en s'approchant de lui à moins de la longueur d'un bras tendu et demi) et de le « fusiller » du regard. Il faut s'efforcer de déplacer la zone de confrontation vers un endroit propice au dialogue, s'asseoir par exemple dans le salon, inviter l'ado à en faire de même, et s'exprimer calmement. Et même le plus calmement possible, car c'est en parlant doucement, avec des mots choisis, que l'on peut faire baisser la tension. À proscrire : les insultes et les gros mots qui blessent et raniment l'agressivité. Mieux vaut s'abstenir aussi de s'asseoir sur son lit (ce qui le remet en position d'enfant), de l'affronter dans la cuisine (présence de couteaux) ou dans la salle de bains (non-respect de son intimité).

Lorsque l'ado fuit la confrontation et part se retrancher dans sa chambre, il faut résister à l'envie de le poursuivre, ne pas insister pour qu'il/elle ouvre la porte, et surtout ne pas essayer d'y pénétrer de force. Des jeunes gens se sont malheureusement défenestrés dans de telles circonstances. L'« explication » devra être différée, une fois le calme revenu.

À froid, sachant qu'il n'y a pas de violence « gratuite », il est nécessaire d'essayer de comprendre en quoi la violence *agie* de l'ado répond à des violences *subies* – réelles ou supposées, actuelles ou passées – appartenant à son histoire personnelle, à celle de sa famille, ou à l'environnement dans lequel il évolue. D'une manière générale, il ne faut pas chercher à éradiquer la violence qui existe en chacun de nous, mais plutôt chercher à la contenir et à la sublimer. Ce n'est pas en niant celle-ci qu'on la rend tempérée et tolérable ; c'est en facilitant l'expression de la contestation dans un cadre et selon des modalités respectées et respectables.

14

Images violentes et violences des écrans

Les ados ont le goût du risque et la fureur de vivre, l'un ne va pas sans l'autre. Et lorsqu'ils *s'exposent*, au sens fort du terme, c'est pour se sentir vivants, animés, et reprendre en main leur destin, au moment où beaucoup de choses leur échappent. Ils ne sont pas *en quête de violences*, ils sont en recherche de représentations projetées de leur agitation intérieure. Cela explique leur appétit insatiable pour les images choc. Laurie, 17 ans, m'a fait un jour cette remarque : « Vous [les adultes], vous n'arrêtez pas de nous dire que la violence c'est pas bien, pas beau, pas comme il faut, et qu'est-ce que vous faites le soir devant la télé ? Vous matez des infos plus *destroy* les unes que les autres, et après vous regardez des thrillers… Et nous [les ados], dès qu'on est sur *Game of Thrones* ou *The Walking Dead*, vous nous tombez dessus en nous traitant de tout… »

Elle n'a pas tort, et la contradiction n'est pas nouvelle : d'un côté, nous dénonçons la violence sous toutes ses formes, aspirons à vivre en sécurité, protégés s'il le faut par des caméras de surveillance et des détecteurs d'intrusion ; d'un autre côté, des millions d'entre nous regardent, le soir, après les actualités télévisées (largement pourvues en crimes de guerre, attentats et faits divers homicides), des séries policières où un meurtre sanglant en chasse un autre, avec pour ressort narratif des histoires pleines de violences non moins abominables (viols, incestes, actes pédophiles, etc.).

Nos ados.com sous mauvaise influence ?

Images réelles qui nous saisissent ou œuvres de fiction nous tenant en haleine, reconnaissons que les violences sur écran nous intéressent, sans faire de nous, heureusement, des personnes assoiffées de sang et de perversions criminelles. Nous sommes en revanche convaincus de leur nocivité chez les jeunes. Les adultes sont réputés responsables, matures, capables de s'informer des misères du monde (et même exhortés à le faire en bons citoyens), et surtout censés parfaitement distinguer fiction et réalité. Il n'en est pas de même des enfants et des adolescents, dont on a coutume de souligner l'immaturité et la vulnérabilité et, par voie de conséquence, l'extrême influençabilité. Non seulement nos pauvres *digital natives* seraient nombreux à adhérer sans aucune contestation aux fausses informations circulant sur Internet (du style « Le 11 septembre n'a jamais existé »), mais ils seraient enclins à imiter les horreurs qu'ils visionnent sur le Web ou dans les jeux vidéo, risquant de passer du virtuel au réel si aucun frein ne les en empêchait (restrictions légales, interdits et contrôles parentaux). Conscients de l'inefficacité de telles mesures dans un monde numérique très ouvert, d'autres parents – soutenus en cela par des professionnels – considèrent que la violence avalée goulûment par les ados.com sur leurs propres écrans (portables, tablettes, mobiles) serait devenue tellement quotidienne et ordinaire qu'ils en perdraient tout sens critique, et qu'ils en banaliseraient les formes les plus antisociales. Certains psychologues parlent même de « scripts de comportement » qui seraient ainsi induits.

Les illustrations *à charge* foisonnent. On évoque l'incitation au sadisme, à travers telle vidéo vue et relayée des millions de fois sur le Web, montrant par exemple des jeunes filles dansant autour d'un chiot qu'elles finissent par tuer à coups de pied. On cite la valorisation de l'action pousse-au-crime, comme en est accusé le jeu vidéo *GTA V*[1] où le joueur peut incarner un psychopathe totalement sans limites, capable d'assassiner pour dérober divers moyens de transport afin d'accomplir une « mission » criminelle. On souligne le risque d'imitation, voire de contagion de meurtres sordides aux détails macabres complaisamment développés dans telle ou telle série télé, à l'instar de *Breaking Bad*[2] qui aurait « inspiré » trois jeunes étudiants impliqués dans un trafic de drogue. Sans antécédents meurtriers connus, ces derniers ont battu à mort une jeune fille qui leur devait de l'argent, puis ont tenté de faire disparaître son corps dans une malle remplie d'acide, en se référant, selon leur avocat, aux méthodes du « chimiste » de la série.

Les études sur le sujet sont innombrables, avec des

1. *Grand Thief Auto V*, édité par Rockstar Games.

2. Série anglo-saxonne mettant en scène un professeur de chimie qui, atteint d'un cancer incurable, sombre dans le crime.

déclinaisons *soft* du type « La violence des images peut-elle traumatiser nos enfants ? » et des approches *hard* du genre : « Gavés d'images violentes, les ados risquent-ils de devenir des *serial killers* ? » Beaucoup de rapports traitent a priori les images en question au même titre que les « mauvaises fréquentations » dans le domaine amical, les estimant forcément responsables des déviances observées (et non forcément l'inverse), sans jamais poser l'hypothèse qu'à l'instar du toxicomane qui peut chercher à se procurer de la drogue, ce sont peut-être les adolescents perturbés qui aiment se nourrir de jeux vidéo et de séries violentes.

Ces conclusions à charge relayent aussi, sans le savoir, un principe vieux comme le monde : les « anciens » (ou apparentés) ne manquent pas, au fur et à mesure qu'ils vieillissent, de dénoncer la violence des jeunes qui serait toujours pire qu'avant et leur ferait perdre tout sens moral et respect de l'autorité. À la souplesse adaptative de la jeunesse, s'oppose la rigidité de la vieillesse qui refuse de « lâcher l'affaire », comme diraient les ados. Dans la mesure où l'enfant pousse symboliquement, en grandissant, ses ascendants vers la tombe – cycle de la vie oblige –, il n'est pas étonnant de voir les adultes, en âge d'être parents d'un adolescent, à la fois vouloir que ce dernier s'épanouisse (avec les meilleurs sentiments du monde), et le freiner dans son élan contestataire qui réclame toujours davantage d'autonomie sur l'air de « Je suis *maintenant* assez grand ». Ce mécanisme défensif est d'autant plus actif que la révolution numérique bouleverse de nos jours l'ordre des choses. Nous l'avons déjà dit : jusqu'à récemment, les adultes détenaient en maîtres l'expérience et le savoir qu'ils transmettaient aux jeunes apprentis ; depuis peu, grâce à leur intuitivité digitale, ce sont les ados.com qui savent davantage utiliser les nouvelles technologies et qui en apprennent les subtilités aux adultes dont ils dépendent.

Faut-il condamner les écrans sans appel ?

Soulignons d'abord que l'idée reçue selon laquelle la violence antisociale juvénile serait actuellement plus forte que par le passé n'est soutenue par aucune étude sérieuse. La plupart des incivilités d'aujourd'hui, pour insupportables qu'elles soient, restent mineures en regard des brutalités ordinaires de jadis. D'autre part, les corrélations établies entre une supposée recrudescence de la violence chez les jeunes et l'influence délétère qu'aurait sur eux le « règne des images », sont avancées puis réfutées d'une étude à l'autre. Les démonstrations *à charge* souffrent souvent de défauts méthodologiques surprenants. Prenons un exemple : supposons que l'on constate que deux phénomènes statistiques (consommation de séries télé et nombre d'actes violents commis) sont corrélés, c'est-à-dire évoluent *de façon concomitante* ; rien ne prouve que l'un soit la cause de l'autre, car ces deux phénomènes peuvent eux-mêmes varier en fonction d'un troisième facteur, qu'il s'agirait d'identifier (la précarité, le contexte économique, la situation familiale, la personnalité des individus concernés, etc.). Et la même corrélation pourrait amener à conclure l'inverse, c'est-à-dire que ce sont plutôt les tendances agressives qui entraînent une consommation accrue de séries télé.

Une étude récente de l'université d'Oxford[1] me semble intéressante, rejoignant nos observations cliniques et celles d'autres pédopsychiatres. Sans chercher à établir un rapport de causalité entre les constatations faites, les chercheurs ont mis en évidence une corrélation pertinente : plus que l'influence délétère *directe* que pourrait avoir le contenu des jeux vidéo réputés violents sur les jeunes, c'est *le temps passé à y jouer* qui, lorsqu'il dépasse trois heures par jour, apparaît davantage corrélé à des comportements agressifs, hyperactifs ou de décrochage scolaire. En revanche, les auteurs de cette étude ont observé qu'une pratique modérée des jeux vidéo pouvait contribuer au développement de certaines facultés, comme le sens de l'observation ou de l'orientation. « Les résultats montrent que les jeux vidéo sont peut-être une autre manière de jouer pour les enfants de l'ère numérique, avec tous les bénéfices qu'apporte le fait de jouer, plutôt que le moyen utilisé », conclut Allison Mishkin, l'un des deux auteurs de l'étude.

Ne perdons pas de vue que les enfants du numérique sont sans doute beaucoup plus souples que nous dans le *jeu des apparences*. Cela ne revient pas à dire que nous devons les laisser se débrouiller seuls, ignorer ce dont ils se nourrissent sur le Web, ou ce qu'ils y livrent en pâture. Au contraire, nous devons témoigner de l'attention et de l'intérêt pour ces nouveaux apports que nous connaissons mal. Il faut en parler avec eux, saisir ce qu'ils apprécient, nous intéresser à leurs

1. Andrew K. Przybylski, Allison F. Mishkin, « How the quantity and quality of electronic gaming relates to adolescents », Academic Engagement and Psychosocial Adjustment, *Psychology of Popular Media Culture*, 2015.

engouements et à leurs détestations, évaluer aussi ce qu'ils savent des dangers auxquels ils s'exposent. La fréquentation régulière de sites ultra-violents – qu'ils soient pornographiques, sectaires ou extrémistes – s'accompagne généralement d'attitudes, de propos ou de déviances observables dans le comportement de l'ado. Les inquiétudes parentales doivent alors s'exprimer, elles aussi, au grand jour pour que le dialogue s'établisse à ce sujet. En la matière, la mauvaise idée serait de fouiller ses outils numériques à son insu pour « tracer » ses fréquentations. Quant à la manipulation des images qui participe aux rumeurs et fausses informations circulant sur Internet, elle mériterait – j'insiste à nouveau sur ce point – l'introduction de l'éducation numérique à l'école.

Les dérives possibles exigent une vigilance accrue, mais il ne faudrait pas prendre les enfants de l'image pour des « oisillons tombés du Net ». Et suspecter systématiquement les ados.com de confondre le réel et le virtuel, d'être en panne d'imaginaire et incapables d'avoir un sens critique, est un point de vue excessif et déformé, à l'instar de l'inquiétude qu'aurait inspiré, dans les années cinquante, un enfant jouant avec ses petites voitures ou avec ses poupées, parce qu'il *se serait pris*, le temps de son jeu, pour un pilote automobile ou une maîtresse d'école. Ce que l'on aurait eu à noter à l'époque est très exactement du même ordre que ce que l'on doit prendre en compte à l'heure du numérique : la durée de l'immersion dans le jeu et son impact sur les relations avec les autres (fratrie, pairs, famille…). Hier comme aujourd'hui, les bonnes questions à se poser sont en effet :

– L'enfant s'enferme-t-il dans le jeu pour se couper de la réalité ?

– Ne supporte-t-il que « son monde » imaginaire et/ou virtuel en tenant à distance les camarades de son âge ?

– Cherche-t-il à rester délibérément solitaire, en évitant tout échange ludique avec eux ?

– Est-il en mesure de conserver une ouverture et un investissement suffisants pour les relations et les activités familiales, amicales, scolaires, sociales ?

Lorsque ces warnings s'allument, il faut oser parler à l'ado de cyberaddiction, tenter de s'entendre avec lui sur un temps d'usage journalier maximal, le solliciter pour qu'il ait envie de participer à d'autres activités ludiques, sportives ou culturelles. Mais tout cela risque d'être sans effet si les parents n'acceptent pas la remise en question de leur propre pratique des écrans. Dans les cas très préoccupants, il est capital d'avoir en tête que derrière toute addiction se cache une souffrance qui ne dit pas son nom et qui mérite d'être explorée et traitée.

Nuits blanches ou écrans noirs ?

Il n'en demeure pas moins que jeunes et moins jeunes passent de plus en plus de temps devant un écran. Et en dehors de la télévision, tout un chacun risque de devenir *addict* à la messagerie de son mobile, à sa page Facebook, ou à l'amélioration de son score dans un jeu vidéo tel *Candy Crush*[1]. Les ados.com sont évidemment particulièrement

1. Célèbre jeu vidéo développé par King. Le but du jeu est de faire écraser des bonbons colorés en associant des combinaisons d'au moins

concernés. Le temps passé en excès, la répétition des mêmes séquences, l'irrépressible besoin de « relever ses nouveaux messages » (comme on relèverait ses filets de pêche), la sensation de maîtrise obtenue, tout cela concourt au risque de cyberaddiction qui – comme tous les assujettissements – n'est pas un choix mais un *emprisonnement.* Censée ouvrir au monde, la « fenêtre numérique » enferme alors le sujet. Et son corps, pris en otage, devient l'esclave de la sédentarité dont l'exposition au risque d'obésité est connue. Selon l'OFDT[1], l'addiction aux écrans concernerait 5 % des adolescents, tandis qu'un élève sur huit ferait un usage excessif des jeux vidéo, soit trois élèves par classe en moyenne. Mais attention, là encore, à ne pas interpréter une corrélation à sens unique. Dire que les jeux vidéo les plus « addictogènes » sont ceux qui sont répétitifs ne doit pas faire oublier la question centrale : pourquoi tel adolescent s'est-il investi dans cette activité jusqu'à y consacrer tout son temps ?

Enfant ou adolescent, jouer à se prendre pour un autre que soi est encore une manière *d'aller voir là-bas si on y est.* Et les supports de projection qui permettent d'effectuer ce « voyage intérieur », idéalement partagé avec des compagnons de route du même âge, évoluent avec les modes et les nouvelles technologies, changent de forme, mais restent déterminants pour servir de tuteurs aux idées. Sachant que la pensée est métaphorique, ces supports facilitent les

---

trois bonbons, afin de remplir l'objectif du niveau et de marquer un maximum de points.

1. Observatoire français des drogues et de la toxicomanie, *Tendances*, n° 97, décembre 2014.

représentations, donc la circulation des échanges. Jadis, la tradition orale transmettait aux enfants des contes et légendes qui pouvaient être d'une violence extrême, et les meilleurs conteurs étaient ceux qui ponctuaient leur diction en la scandant par des bruits et des onomatopées évocatrices afin de susciter la surprise ou l'effroi. Hier, les jouets, les voitures miniatures, les petits soldats, les poupons de celluloïd et les poupées Barbie ont servi de support aux enfants jusqu'à 8-10 ans, avant que la télévision et les consoles de jeux vidéo viennent alimenter les scénarios ludiques puis, peu à peu, les remplacer. Aujourd'hui, les outils numériques et les images virtuelles prennent de plus en plus précocement le relais des jouets proprement dits, mais *il est toujours question de jeux et de partage avec des amis – fussent-ils de simples « likers » dans un réseau social.*

Tous les jeux vidéo n'offrent cependant pas la même valeur d'ouverture et de support. Plus ils mobilisent de manière itérative l'attention superficielle (par exemple, guetter le surgissement sur écran d'un zombie à abattre), moins ils favorisent les capacités de concentration. La seule *réactivité*, sans l'analyse et le différé de l'action qui l'accompagne, n'est pas propice au développement cognitif.

Ajoutons qu'il existe une violence des écrans *en eux-mêmes*. Leur usage immodéré chez des jeunes prédisposés peut provoquer des crises d'épilepsie, et les troubles oculaires constituant le Computer Vision Syndrome (CVS) regroupent un ensemble de symptômes spécifiques assez fréquents : sécheresse oculaire, yeux irrités, maux de tête, difficultés à fixer un objet particulier. Mais le vrai souci, c'est la réduction du temps de sommeil due aux écrans. Les adolescents devraient en principe dormir huit à neuf heures par nuit. Or, selon l'INPES[1], près de 30 % des 15-19 ans sont en dette de sommeil, et à 15 ans, 25 % des adolescents dorment moins de sept heures par nuit. Comment peuvent-ils quitter un chat, un jeu vidéo ou une série lorsqu'ils sont sous la couette avec leur portable ou leur tablette ? D'autre part, la stimulation oculaire des LED et l'excitation liée à l'activité concernée retardent l'endormissement et pourront provoquer au cours de la nuit des réveils nocturnes ou des cauchemars. Sans parler de l'impossibilité de ne pas répondre en pleine nuit à un(e) ami(e) cherchant un correspondant pour parler de ses difficultés sentimentales. Et, pour finir, une obligation matinale : se lever assez tôt pour avoir le temps de se préparer avant d'aller à l'école – ce qui peut nécessiter une heure chez une jeune fille qui « doit » se lisser les cheveux et se maquiller. Le manque de sommeil entraîne fatigue, irritabilité et somnolence diurnes, ce que les professeurs voient tous les jours. Ce manque agit sur l'humeur et sur les performances scolaires (trouble de l'attention et de l'apprentissage puisque la mémorisation se fait majoritairement lors du sommeil paradoxal). Il affecte aussi la santé des adolescents en risquant de perturber la production des hormones pubertaires.

Bref, un seul conseil aux parents, doublé d'une recommandation : à la maison, faire adopter par tous l'adage : « La nuit, les NTIC dorment aussi. » Et refuser que l'ado.com utilise ses outils numériques pour s'endormir en musique et

1. Enquête HBSC (*Health Behaviour in School-aged Children*) et Baromètre Santé, 2010.

se réveiller avec la fonction alarme. Un bon vieux réveille-matin fera mieux l'affaire. En plus, c'est *vintage*, donc chic et choc ! Et une suggestion dont l'efficacité a été testée par de nombreux parents : déposer *tous* les portables de la maison, le soir, les éteindre et les mettre à charger dans un endroit dédié, par exemple la cuisine.

15

Qui sont les enfants du djihad ?

Prendre le risque insensé *d'aller voir ailleurs* – en l'occurrence, en Syrie ou en Irak – *s'ils se trouvent*, tel semble être l'objectif de certains ados en errance identitaire. Le site Internet stop-djihadisme.gouv.fr lancé par le gouvernement en janvier 2015 estime à environ cinq cents le nombre de Français participant au djihad dans ces deux pays en guerre. La plupart d'entre eux sont des jeunes, parfois mineurs. Depuis le début des affrontements en Syrie, plus de cent vingt volontaires français au djihad ont trouvé la mort. N'en déplaise aux commentateurs qui réduisent la problématique à des causes exclusivement sociopolitiques, et qui balayent d'un revers de main la prise en compte des *facteurs personnels et familiaux*, je pense – avec Dounia Bouzar[1] et Philippe Gutton[2] – que « partir faire le djihad » est un projet d'ados en grande souffrance qui tentent l'exil et ses dangers pour se

1. Bouzar D., *Ils cherchent le paradis, ils ont trouvé l'enfer*, Ivry-sur-Seine, Éditions de l'Atelier, 2014.

2. Gutton P., *Adolescence et djihadisme*, Paris, L'Esprit du temps, 2015.

constituer *une identité de substitution*. Qu'offre-t-il, ce *grand départ*, au juste ? D'abord, un ailleurs exotique qui confirme la rupture d'avec les frustrations et le manque d'avenir de ce monde désenchanté, une cause « entière » – entendons sans compromissions et qui fait corps groupal d'appartenance ; un retour, ensuite, à des valeurs censées avoir été perverties par la modernité, et un combat simplifié (comme dans les jeux vidéo) entre les forces de Dieu et celles de Satan ; mille et un dangers, encore, promis dans le goût du sang et l'odeur de la poudre, et même si les jeunes désespérés ne peuvent y croire qu'à moitié, une promesse *d'exister à jamais*, autorisé à s'enivrer du plaisir des chairs en compagnie des quarante vierges du paradis[1]…

Les massacres de *Charlie* et ceux du terrifiant vendredi 13 novembre 2015, à Paris, ont été revendiqués par Daech et perpétrés par de jeunes Franco-Belges radicalisés, manipulés, assoiffés de haine et d'envie de tuer. Je n'aborderai pas leurs cas, aux limites encore imprécises, même si l'on y distingue un fanatisme de type sectaire et une faillite identitaire majeure à travers le terme approprié d'« attentat-suicide ». Tuer l'autre, aveuglément, surtout lorsqu'il incarne une jeunesse moderne, libre de prendre du plaisir en société, promise sans doute à un « bel avenir », et se sacrifier ensuite, pour exister davantage morts que vivants aux dépens de ces jeunes innocents et de leurs familles. Je veux parler ici des ados en mal-être qui se saisissent de la cause islamique pour vomir leur petit monde et qui menacent leur entourage de

1. Les « *houris* aux grands yeux » sont, dans le Coran, les vierges du paradis promises aux bienheureux.

l'abandonner dans la honte et la culpabilité pour *tenter d'exister autrement*. De nombreux parents ont en effet l'angoisse et le chagrin de voir partir leurs enfants « accomplir le djihad », sans avoir pu empêcher cette fuite en avant jusqu'au-boutiste.

Une cause, un cadre, un groupe pour exister

Avant toute chose, quelques précisions sont nécessaires. Chez les musulmans, le djihad est un devoir religieux en forme de « lutte ». En temps normal, et sauf agression, l'islam considère que ce combat doit s'exercer pour chaque croyant contre ses propres faiblesses et mauvais penchants afin de s'améliorer, et qu'il doit contribuer pacifiquement à rendre la société meilleure par la défense de valeurs morales et spirituelles. Depuis quelques années, il en est tout autrement des actions terroristes et guerrières que mènent différents groupes islamistes au nom d'un djihad exclusivement interprété comme un devoir de lutte armée contre les infidèles ou d'autres groupes musulmans jugés ennemis. C'est en particulier le cas de l'organisation autoproclamée « État islamique » (EI), que les Occidentaux préfèrent appeler Daech – acronyme arabe évitant l'amalgame avec l'islam traditionnel. L'EI réunit des combattants se réclamant d'une idéologie salafiste [1], des djihadistes qui ont la volonté d'instaurer un régime totalitaire (sous la forme d'un califat) sur

1. Le salafisme est un mouvement fondamentaliste revendiquant un retour à l'islam des premiers siècles.

les territoires irakiens et syriens qu'ils cherchent à contrôler. Leur progression est liée aux déstabilisations géopolitiques induites par les guerres qui sévissent dans ces pays. À l'appel de l'EI, des milliers de jeunes Européens, parfois mineurs, partent rejoindre les zones de combat via divers parcours, passant en général par la Turquie.

Qui sont ces jeunes, en France et en Belgique notamment ? La plupart sont des adolescents ou de très jeunes adultes surtout issus des classes moyennes et des milieux populaires, qui sont *en rupture* avec l'école, leur famille et un parcours de vie jusque-là marqué par les déceptions, les frustrations et les manques, parfois de graves traumatismes (violences sexuelles subies, décès précoce d'un proche). Certains rêvaient d'un destin de star, avec l'immaturité de ceux qui croient à la vie idyllique des footballeurs célèbres, des chanteuses de renommée mondiale, ou des héros de série télé. Quitte à voir ces rêves se briser sur la dure réalité, ceux-là trouvent dans le totalitarisme radical une vengeance suprême à leurs lendemains qui déchantent. La diabolisation de Daech excite ceux qui s'assimilent eux-mêmes à des exclus, des damnés des « grands ensembles » où l'expression signifie en réalité « chacun pour soi », privés de perspectives de réussite.

Parmi les jeunes d'origine maghrébine, certains n'ont connu aucun « accident de parcours » personnel qui aurait pu briser leur trajectoire de vie. Mais c'est sans doute parce que celle-ci est en apparence *sans histoire*, qu'ils réagissent au vécu silencieux et – estiment-ils – asservi de leur famille, pour renouer avec les traditions anciennes et venger leurs ancêtres. Ils sont en effet convaincus que leurs parents et grands-parents, après s'être « couchés » devant l'ordre colonial, ont accepté, une fois immigrés en France, d'y accomplir les plus basses besognes et de se résigner à une vie misérable. D'autres jeunes font part de leur envie (et souvent même besoin) de « dépaysement », pour fuir tout à la fois une banlieue déshéritée, le regard mauvais des racistes, l'absence totale de perspectives, en espérant trouver en Irak ou en Syrie, non seulement un sens à leur vie, mais aussi l'exotisme et le juste combat qui manquent à leur morne existence. Une manière désespérée *d'aller voir là-bas s'ils y sont* ! Ceux-là, généralement recrutés dans les cités par des imams radicaux, insistent sur les vertus de la religion et de l'ordre moral pour combattre la drogue, la prostitution et la délinquance qu'ils connaissent de très près depuis longtemps. Les « repentis » les plus extrémistes de ces déviances sont d'ailleurs des jeunes délinquants qui ont été « formés » en prison par des détenus islamistes plus âgés. Les autres suivent les recommandations d'amis ou de connaissances rencontrés en salle de sport ou sur le Web.

Le cyber-recrutement fonctionne très bien, sans qu'ils aient à fréquenter de souk nord-africain ni de mosquée fondamentaliste, contrairement à ce que croient beaucoup de gens. Blogs et réseaux sociaux sont des outils de propagande efficaces prônant un islam intégriste qui refuse l'« avachissement occidental » des mœurs et des croyances. L'argumentation religieuse s'appuie subtilement sur des constats qui ne sont pas tous infondés. Et les ressorts affectifs sont mobilisés à plein sur le mode de vie « libéré » des sœurs, des mères et des femmes en général, alimentant des courants de possessivité misogyne et de haine propices à la violence.

Évidemment, les adolescents *geeks* adeptes des jeux vidéo de guerre en ligne sont aussi des cibles potentielles, pour passer des sensations du virtuel aux vrais frissons du réel. Et les filles ne sont pas les dernières à se radicaliser, surtout lorsqu'elles sont fraîchement converties, à l'image de Yasmina, 15 ans, passée au centre Abadie pour tentative de suicide et automutilations « à répétition », et qui a décidé un jour, sur les conseils d'un oncle, d'arrêter toute prise en charge pour prier, porter le niqab[1] et se préparer à aller « rejoindre ses frères ». Une forme de *renaissance* pour certaines de ces jeunes filles immatures qui iront se marier avec un combattant djihadiste ou participer à la « sexualité sainte » auprès de ces héros de guerre. Une façon définitive de *se refaire une vie* après avoir déchiré les pages de son passé.

La dimension suicidaire du projet d'aller faire le djihad mériterait d'être davantage reconnue, puisque le comble de la radicalisation expéditive est de quitter ce monde en martyre kamikaze, et de le faire en entraînant un maximum de personnes avec soi, pour marquer à jamais sa disparition en explosant littéralement à la face du monde. Les exemples récents, au Moyen-Orient et en Europe, témoignent du choix délibéré de lieux ordinaires et fréquentés, transformés soudain en scènes de guerre, proclamant que le djihad peut porter ses coups partout et à tout moment.

Mais contrairement aux idées reçues, tous les candidats au djihad ne sont pas d'origine arabe. Et tous ne sont pas recrutés par des islamistes. Il y a des « électrons libres », des « loups solitaires », comme les qualifient les services de ren-

1. Voile couvrant le visage à l'exception des yeux.

seignement, qui ne vivent pas dans les « quartiers » (sous-entendu « défavorisés »). Hors des zones urbaines sensibles, il y a aussi de futurs djihadistes prêts à prendre les armes, ici ou en Syrie, parmi les jeunes déprimés, désœuvrés, en panne de projet, exclus d'une scolarité qui n'a pas su ou pu les intégrer. Il faut d'ailleurs se demander si la publicité médiatique faite autour de ces actions jusqu'au-boutistes ne suscite pas des « vocations » chez des individus très fragiles en quête de reconnaissance.

D'origine maghrébine ou pas, celles et ceux que j'ai pu rencontrer sont des adolescents en *grande difficulté identitaire*, capables de se faire du mal et, par moments, d'avoir des accès de violence hétéro-agressive, alors animés par une haine farouche dont ils ne saisissent pas le sens. Généralement ignorants du Coran et de la langue arabe, ils trouvent cependant dans l'ordre islamique totalitaire un milieu étayant et structurant, avec des règles et des lois radicales, comme dans une secte. Un cadre d'évolution qui, à la fois, les contient et les considère, fût-ce, hélas, à titre posthume. Le véritable combat qu'ils mènent sans le savoir est dirigé contre leur propre insécurité intérieure, sur fond de désorganisation familiale et de conflit plus ou moins déclaré avec les parents.

Ados menaçants, parents en détresse

Dounia Bouzar, anthropologue et fondatrice du Centre de prévention contre les dérives sectaires liées à l'islam (CPDSI) – association qui mène les premières expériences de « déradicalisation » en France[1] – confirme qu'il y a quatre *indicateurs d'alerte* qui, tous, relèvent d'un besoin de rupture. Il faut se concentrer sur les signes de rupture, pas sur les signes religieux, dit-elle. Le premier signe inquiétant est la rupture du jeune avec ses amis et ses pairs. Les explications fournies sont d'ailleurs étrangement « radicales », avec souvent une argumentation pseudo-religieuse : « Lui, je ne le vois plus car il n'est pas croyant… »

La rupture avec les loisirs constitue le deuxième stade de la radicalisation. Le jeune embrigadé rompt avec les activités comme le sport, la musique, les sorties en discothèque… Le discours intégriste les rejette sous différents prétextes. Soit on leur explique que cela pourrait les entraver dans leur mission, soit que ces tentations du diable les détournent de la vérité.

En troisième lieu, vient la rupture scolaire ou d'apprentissage. Elle intervient de façon très rapide et brutale. Du jour au lendemain, l'élève quitte l'école sans explication. Les professeurs sont présentés par les recruteurs djihadistes comme des gens qui endorment les peuples, des alliés des complotistes, des membres de sociétés secrètes qui veulent garder la science et le pouvoir pour eux.

La rupture familiale est le quatrième indicateur, celui qui risque de désamarrer définitivement l'adolescent et de l'entraîner au grand départ. La communauté de substitution prend le dessus sur la famille. Cela provoque chez les parents un sentiment de désaffiliation. Ils ont l'impression que leur enfant n'est plus vraiment le même, qu'il parle

1. Pour en savoir plus : cpdsi.fr et www.bouzar-expertises.fr.

comme un robot, ne ressent plus rien, est totalement changé. Les rabatteurs, à ce stade, demandent parfois aux jeunes de déchirer les photos de famille, afin que les sentiments ne les parasitent plus. Le rabatteur français est bien conscient que cette étape est la plus difficile. Il essaye alors de faire croire au jeune que c'est à lui de choisir, tout en le culpabilisant avec des phrases comme : « Si ta mère est plus importante que le monde, que Dieu, ne te force pas. Reste avec les endormis[1]… »

Internet est aujourd'hui le vecteur de recrutement par excellence, beaucoup plus discret et secret que le marché, la mosquée ou le bas de l'immeuble. Les parents apprennent souvent tardivement que leur ado entretient sur le Web des relations avec des djihadistes recruteurs. Chaque histoire est singulière, mais on retrouve des constantes : des parents sidérés découvrent que l'ado a une deuxième vie virtuelle, cachée, islamiste radicale.

Provocations brûlantes et perfidement efficaces sur l'ambiance familiale, il y a des « découvertes » qui n'en sont pas vraiment, telle *la menace* de partir faire le djihad de la part d'ados en mal-être qui n'envisagent pas réellement de passer à l'acte, mais qui surfent ainsi sur les angoisses parentales – actualité oblige. Véra, 17 ans, que je suis en consultation, l'admet avec une certaine gêne. Son copain « se prenait la tête » avec ses parents : « Pour les faire chier, il leur a annoncé qu'il allait partir en Syrie. Ça a eu un effet

1. Lucien Fauvernier, « Islam radical : comment les parents peuvent-ils faire face à l'embrigadement de leurs enfants ? », entretien avec D. Bouzar, psychologies.com

dingue, ajoute-t-elle, ils sont devenus tout gentils d'un seul coup. En fait, il menaçait simplement, il n'avait pas l'intention de s'en aller… »

Des parents qui, dans tous les cas, sont complètement désemparés. Comment doivent-ils réagir ? Avoir conscience, tout d'abord, qu'une fois écartée la provocation en forme de plaisanterie, il leur faut prendre très au sérieux la menace. Savoir que si leur ado adhère à la radicalisation intégriste, c'est qu'il est en manque de sécurité intérieure, en quête d'étayage externe et de reconnaissance identitaire. Sans le juger ni le déconsidérer, il faut évaluer l'importance de son endoctrinement en l'amenant à s'exprimer sur ses nouvelles croyances et ses projections à court terme. Raisonner ne sert à rien, pas plus que de contre-argumenter à l'aide de rappels historiques auxquels l'ado embrigadé ne croit pas, car le talent du recruteur qui l'a « retourné » est de l'avoir convaincu que toute tentative destinée à lui faire quitter le djihad relève d'une manipulation satanique. « Il faut passer par les affects, dit Dounia Bouzar[1], afin d'essayer de remobiliser l'individu qui existe derrière l'embrigadement. L'idée, c'est d'aller chercher le petit garçon, la petite fille qui continue à exister. Cette méthode de "la madeleine de Proust" vise à réveiller, toucher l'inconscient de l'enfant, son histoire, en remobilisant des souvenirs, des photos, des odeurs, des gestes, des situations… Si le parent se place sur le registre du savoir ou de la raison, il renforce l'autorité du discours radical qui avait déjà prévu ça. C'est une horreur. J'ai eu des témoignages de pères et de mères qui ont déjà fait intervenir

1. *Op. cit.*

l'imam, le voisin, le grand-père. C'est pire que tout pour l'enfant qui les perçoit comme des jaloux de son statut d'"élu"… »

Lorsque les parents se sentent impuissants et dépassés, ils doivent demander de l'aide auprès de professionnels compétents qui leur fourniront orientations et conseils sur la conduite à tenir. Voici les adresses à contacter :

stop-djihadisme.gouv.fr
0 800 00 56 96 (numéro vert)
www.cpdsi.fr

16

Responsables, mais pas coupables

L'expression est connue[1]... Responsables, la plupart des parents le sont, à la maison et en société, en tant que *garants* du cadre d'évolution de leurs enfants, *en charge* d'eux, puisqu'il leur faut admettre que ces derniers ne s'élèvent pas tout seuls. Coupables, les parents ne méritent pas de l'être dans la majorité des cas. Je fais hélas partie de la génération des pédopsychiatres qui ont été formés à coups de « mères toxiques » (très souvent) et de « pères absents » pour rendre compte des pathologies des enfants. Tout était de la faute des parents ! Un livre m'avait marqué à l'époque de mon internat : *Mais, madame, vous êtes la mère...*[2], où une maman racontait comment elle *devait* se débattre avec un

1. Georgina Dufoix, alors ministre des Affaires sociales et de la Solidarité nationale, a eu cette formule sur TF1 en novembre 1991, pour se défendre de son injuste mise en cause dans l'affaire du sang contaminé – ce scandale impliquant le Centre national de transfusion sanguine (CNTS) qui avait écoulé des stocks de produits sanguins, dont certains contaminés par le virus du sida.

2. Francine Fredet, Paris, Le Centurion, 1978.

enfant très malade et violent, lors de « permissions » qui lui étaient imposées par l'équipe médicale du centre psychiatrique où il était traité, avec cette phrase terriblement culpabilisante face à son appréhension renouvelée.

J'ai appris heureusement depuis qu'il est impossible de soigner un adolescent en mal-être sans *prendre en considération* – c'est-à-dire avec attention et respect – la souffrance de ses parents. Mais les déculpabiliser ne signifie pas pour autant ignorer leurs maladresses et leurs attitudes inappropriées, taire que leurs bonnes intentions peuvent se révéler contre-productives, voire néfastes, et éviter de leur en parler, bien au contraire. Ils sont d'ailleurs demandeurs de conseils sur la conduite à tenir, et certains viennent même me demander, à l'issue d'une conférence, s'ils peuvent venir en stage au centre Abadie ! Lors des premières rencontres avec eux, en consultation, j'avoue essayer de me faire rapidement une idée de leur position sur une échelle virtuelle que j'ai en tête, et qui va de la protection excessive (incitant l'ado à dissimuler ses agissements) à l'absence laxiste de toute préoccupation, au moins en apparence (l'amenant à prendre des risques inconsidérés pour trouver la limite). Et c'est en fonction de ce « positionnement » que j'interviens dans un sens ou dans un autre, avec tact et mesure, en présence de l'adolescent.

Accusés, levez-vous !

Pour les parents concernés, comment se montrer dignes et responsables, « droits dans leurs bottes », lorsque aux regards suspicieux d'autrui s'ajoutent les autoaccusations ? Chez les parents victimes de drames, le sentiment de culpabilité est un acide qui ronge leurs plaies béantes et les fait se replier sur eux. Il y a ceux qui ont perdu un enfant et que cette tragédie fait gamberger jusqu'au délire. Le décès par maladie les conduit à contester leurs propres gènes, ou ceux de leur (ex-)conjoint. La mort accidentelle de l'ado les amène à se reprocher de l'avoir laissé sortir ce soir-là, avec ce véhicule-là, ces amis-là, etc. Le suicide, drame ultime, les pousse à s'accuser de n'avoir pas vu que leur ado allait si mal, de n'avoir pas su le préserver, le dissuader, le sauver… Parce que ce sont normalement les enfants qui enterrent un jour les parents, et non l'inverse, ce chaos bouleverse l'ordre des choses. Le drame suicidaire est, pour les proches, non seulement *inacceptable en l'état*, mais terriblement culpabilisant. À son corps défendant, le jeune suicidé atteint, on l'a dit, à titre posthume, un but inconscient inavouable : se défaire de cette vie-là pour exister autrement en occupant à jamais la mémoire des siens[1]. Après la sidération, viennent les projections défensives cherchant un coupable extérieur puis – qu'il y ait eu ou non harcèlement moral, épisode dépressif, rupture sentimentale, etc. –, un abattement profond à la mesure des sentiments de culpabilité vécus. La suite est souvent une succession ininterrompue de moments d'apaisement et de tension qui nécessitent l'aide d'un spécialiste pour entreprendre un *travail de deuil*. Celui-ci consiste à pouvoir peu à peu « faire avec » cette perte tragique, c'est-à-

1. Pommereau X. (1996), *L'Adolescent suicidaire*, 3e édition revue et augmentée, Paris, Dunod, 2005.

dire réorienter l'énergie de sa souffrance dans sa propre vie et celle de ses proches, *ne jamais chercher à oublier le défunt*, et au contraire le considérer comme une force accompagnatrice qui veille et reste « vivante » dans le cœur de chacun.

La plupart des parents d'ados ne sont pas plongés dans de tels drames, heureusement. Face aux difficultés qu'ils rencontrent, certains *pratiquent le déni* pour se défendre de toute implication : *ni responsables ni coupables*, clament-ils, en donnant au mot « responsable » une connotation négative, au lieu de lui reconnaître sa véritable valeur d'ascendant, d'autorité morale. Mais beaucoup cherchent en quoi leur implication éducative, affective pourrait expliquer le mal-être de l'ado, ses prises de risque inconsidérées. Ils ont lu quantité de livres spécialisés, et se reprochent d'avoir *trop* (ou au contraire *pas assez*) désiré la venue de leur enfant, d'avoir plus ou moins bien accepté qu'il soit fille ou garçon, et sont convaincus que – malgré tout leur amour – ce « mauvais départ dans la vie » explique les problèmes rencontrés. Les parents battent également leur coulpe de ne pas avoir été *suffisamment là*, d'avoir été trop investis dans leur travail, de s'être quittés « au plus mauvais moment », ou encore d'avoir trop longtemps négligé que leur ado était né prématuré, qu'il avait eu de l'asthme à 2 ans, ou qu'il avait été dépisté dysorthographique en primaire, etc. Eux aussi ont lu quelque part qu'avec de tels antécédents, leur enfant « aurait à coup sûr des problèmes à l'adolescence » (*sic*). Empressons-nous de leur rappeler qu'on ne fait pas un enfant *sur plan*, comme un projet architectural, et que la conception d'un enfant ne peut, en aucun cas, être jugée *fautive*. Se sentir coupable, c'est croire que l'on a commis une faute[1], une erreur, une action condamnable, que l'on a raté quelque chose d'essentiel. Mieux vaut pour tout le monde qu'il n'en soit pas ainsi, mais l'enfant né d'un viol est issu d'un crime subi, *non d'une faute commise*. Quant aux prévisions funestes précoces établies à partir de la conviction erronée que « tout se joue avant 6 ans », elles sont aussi fiables que les projections météorologiques à distance – c'est-à-dire proches de zéro.

Est-ce à dire que *rien ne compte* dans les histoires des uns et des autres, lorsqu'on se préoccupe d'un ado qui va mal ? Non, bien sûr, à condition de pouvoir faire, à temps, le constat des difficultés, puis d'essayer de leur donner du sens. L'ado cherche-t-il à convoquer *ses deux parents* à son chevet ? Croit-il que ceux-ci ne sont attentifs qu'aux manquements et aux passages à l'acte ? Se sent-il moins reconnu que son frère ou sa sœur ? Préfère-t-il « réussir ses ratages » plutôt que de risquer « d'échouer dans ses projets » ?

Ados en vrille, parents solidaires ?

Nombre de parents d'ados veulent se persuader que tout va bien, et tombent des nues le jour où leurs convictions s'effondrent. C'est en faisant la chambre de son fils Mathias, âgé de 14 ans, que Sandrine, sa mère, voit un matin rouler une bouteille de vin blanc vide sous son lit et qu'elle trouve là-dessous une collection de devoirs balafrés

1. Du latin *culpa*, « faute ».

de notes et d'appréciations catastrophiques. Les vraies balafres, Blandine, la mère de Léa, 15 ans, les découvre sur les avant-bras de sa fille, une nuit d'été, après que l'adolescente est rentrée ivre, avec un T-shirt qui n'était pas à elle, en titubant et en bousculant bruyamment tout sur son passage.

Ne pas vouloir voir est un aveuglement défensif qui, lorsqu'il cède, fait place à un éblouissement douloureux. « Les bras leur en sont tombés », diront ces deux mères qui, comme tant d'autres, ont subitement compris que leur ado n'allait pas si bien que ça[1]. D'abord effarées, puis anéanties, elles vont très vite se sentir coupables, et ce d'autant plus qu'elles ont souvent le sentiment d'être très seules pour faire face aux problèmes. Même lorsque les pères ne sont pas absents ni en conflit ouvert avec elles, leurs réactions premières sont assez peu aidantes, voire franchement accusatrices sur l'air de « Si tu m'avais écouté, on l'aurait mis en pension, et on n'en serait pas là », ou bien « Une vraie mère poule, eh bien voilà le résultat », ou encore « Il faut toujours que tu dramatises tout, c'est à toi d'aller chez le psy ».

Sans exagérer à outrance les traits marquants de la différence des sexes, rappelons que les hommes ont tendance, en général, *à projeter sur les autres* leur violence et leur souffrance, tandis que les femmes sont réputées les garder pour elles, s'en rendre malades et se culpabiliser. Dès qu'il s'agit de leur enfant, « tout se joue dans leurs tripes », pourrait-on dire trivialement. Les mères vivent plus douloureusement

1. Pommereau X., *Ados en vrille, mères en vrac*, Paris, Albin Michel, 2010.

que les pères les tensions du lien avec leur « petit » (qui le reste, même devenu grand). Elles l'ont porté dans leur chair, elles l'ont dans la peau. Elles affrontent, encaissent et souffrent en silence, en essayant de ne pas se laisser submerger par la culpabilité. Et l'un des autres mécanismes défensifs qui s'offrent à elles est, là encore, ce que l'on appelle la *disculpation projective*, c'est-à-dire la recherche d'un ou plusieurs coupables « extérieurs » – le père de l'enfant, les proches, les voisins, les professeurs, les « mauvaises fréquentations », les pairs, etc. Que de telles mises en accusation soient ou non fondées, ces mères finissent inévitablement par se reprocher *de n'avoir pas su protéger leur enfant* de ces influences néfastes. Comme on le sait, des vrais coupables, il y en a parfois, hélas, dans l'entourage. Et la notion de *mères complices* alimente certains faits divers sordides. Mais dans la majorité des cas de violences sexuelles subies par les enfants, la « complicité » des mères n'est pas délibérée. Elles n'ont pas vu, pas su, pas compris ce qui se passait. Elles devront bien sûr tenter de comprendre pourquoi. La mère de Sacha, 8 ans, « s'en veut à mort » de ne pas avoir saisi à temps que son nouveau compagnon avait des gestes déplacés envers son petit garçon, alors que celui-ci pleurait lorsqu'elle le laissait seul avec lui.

Une autre situation de la vie quotidienne, beaucoup moins nauséabonde mais parfois critique, les met dans l'embarras lorsqu'un bras de fer s'engage avec l'ado, et que la mère ne sait plus comment gérer le différend. Elle peut alors s'en vouloir *de céder à ses exigences*, pour espérer apaiser la relation, contourner ou escamoter les sources de conflit et d'inquiétude plutôt que de les affronter (y compris en évitant d'en parler au père). Ces mères ont besoin d'aide et la plupart d'entre elles ne sont d'ailleurs pas hostiles à l'idée de voir un psy. Mais en thérapie individuelle, elles restent parfois trop centrées sur leurs seules oscillations personnelles entre le *mea-culpa* larmoyant et l'acte d'accusation véhément à l'encontre de l'autre, sans pouvoir élargir leur point de vue.

Le groupe de parents, une mise en commun salutaire

C'est pourquoi notre expérience clinique nous a convaincu qu'il fallait aussi proposer aux parents des groupes de parole bimensuels. Au centre Abadie, ils sont coanimés par un psychiatre et une assistante sociale, et sont ouverts *à tous les parents* – que leur ado soit ou non pris en charge au centre – sur inscription préalable, et dans la limite d'une vingtaine de places disponibles. La répartition des parents présents est en général d'une douzaine de mères et de trois ou quatre pères. Certains participants viennent une ou deux fois, d'autres fréquentent régulièrement le groupe, en fonction de leurs disponibilités (l'horaire est délibérément fixé, un mardi sur deux, de 12 h 30 à 13 h 30, afin de leur permettre de profiter de la pause déjeuner pour y participer). En l'occurrence, le *tour de table* auquel chaque parent se prête alimente la réflexion, permet de relativiser, donne la parole à celles et ceux qui ont d'ordinaire tant de mal à la prendre, et surtout autorise chacun à faire un retour sur soi grâce aux expositions des autres. Les pères sont assez réservés au début ; ils s'expriment de manière concise, s'en tenant au factuel, sur un ton plus ou moins laconique ou apparemment dénué d'affects. Lorsque leur voix se voile, ils cessent de parler et se tournent vers le suivant. Mais la tension dramatique des présentations de chacun, interrompue par d'étonnants moments de détente et d'humour, ainsi que la bienveillance des mères, les aident peu à peu à en dire davantage et à libérer leurs émotions – ce qui enrichit considérablement les échanges et évite de donner au groupe l'aspect « tribunal du gynécée[1] » qu'il pourrait avoir s'il se contentait de dénoncer l'attitude des pères.

Il faut dire que ces derniers ne sont plus aujourd'hui aussi absents qu'on le prétend, et qu'ils souffrent de ne pas avoir la même facilité d'accès à leurs émotions que les mères. Beaucoup de pères divorcés ou séparés se culpabilisent – sans pouvoir toujours l'exprimer calmement – de ne pas se rendre suffisamment disponibles pour partager des activités avec les ados qu'ils ont en garde alternée. Ils confondent « occupations à fournir » et « intérêt à manifester » – et c'est bien sûr cette attention paternelle que les ados attendent. D'autres pères savent que la permissivité qui caractérise leur attitude éducative, ou au contraire la dureté des règles qu'ils édictent chez eux, visent en réalité les mères et font souffrir les enfants. Et tandis que notre société insiste sur l'importance de *la loi du père* et sur les effets délétères de la « démission parentale », les pères doutent d'être de *bons parents* et craignent de faillir à leur devoir.

Le groupe de parents permet aussi une *modération*

1. Appartement des femmes dans les maisons grecques et romaines de l'Antiquité.

partagée, sans que les animateurs aient besoin d'intervenir en « donneurs de leçons ». Ainsi, lorsque Roger, le père de Stephan, 15 ans, précise lors du tour de table que « son fils continue à faire le mur, malgré le fil de fer barbelé qu'il a mis à la fenêtre de sa chambre » (*sic*), Jean – un autre père – intervient pour lui demander : « Vous mettez du 12 ou du 16 ? » Le sketch de ces deux pères, très sérieux en apparence, déclenche bien sûr l'hilarité générale, mais un amusement bref et bienveillant qui s'accompagne très vite de la remarque modératrice d'une mère : « C'est sûr qu'avec ce qu'ils nous font voir [les ados], on en vient à faire des trucs qui sont à côté de la plaque… Moi aussi quand j'interdis une sortie à ma fille et qu'elle part se barricader dans sa chambre, j'ai l'impression, comme vous, monsieur, d'être plus un gardien de prison qu'un parent voulant la protéger… » Là-dessus, les commentaires des uns et des autres vont bon train, permettant au psychiatre de conclure la séance sur le thème de l'importance des « barrières symboliques » donnant du sens aux règles de vie et aux interdits.

Au centre Abadie, les rencontres avec les familles sont, par ailleurs, systématiques. Nous insistons pour voir les pères et nous faisons tout pour amener les mères à soutenir cette demande, sans que celle-ci prenne l'allure d'une convocation destinée à faire des remontrances. Même s'ils vivent ensemble, la mère ne doit pas « représenter » le père auprès de l'équipe soignante. Et s'ils sont séparés, puisque la garde d'enfants est *partagée*, le point de vue de chaque parent diffère forcément et mérite d'être exprimé. À l'instar de la vision binoculaire qui donne du relief à ce que l'on observe, nous voulons connaître les deux points de vue, apprécier leur convergence ou relever leur divergence. Évidemment, il est des cas où le père a disparu ou est délibérément écarté, quelle qu'en soit la raison. D'autres où les belles-mères et les beaux-pères doivent être entendus et pris en considération. Certaines mères célibataires se veulent « monoparentales », tandis que d'autres revendiquent leur homoparentalité. Définir dans la vie de famille ou l'entourage une *figure masculine bienveillante* et la partager avec l'ado peut lever bien des tensions, permet d'appréhender la situation autrement, de prendre le recul indispensable pour trouver des solutions et de calmer la relation en sortant du registre passionnel.

Parents attaqués, parents démunis

Lorsque l'ado donne l'impression de multiplier les prises de risque, sans tenir compte de l'inquiétude qu'il suscite chez ses parents, ces derniers se sentent attaqués sur leur dispositif éducatif, sur leurs valeurs morales, et pris pour cibles directes ou indirectes. « Tu vois, tu fais pleurer ta mère… », « Tu profites que ton père soit parti pour me rendre la vie impossible… », « On dirait que tu fais tout pour nous pourrir la vie… ». De telles réactions sont absolument à éviter, car jouer sur la corde sensible de l'affectivité, avec pour levier le chantage ou la culpabilité morale, n'a aucune efficacité, et peut même aggraver la situation. L'ado se sentira incompris, malheureux de faire du mal à ses parents, mais en même temps en rage contre eux, puisqu'ils semblent s'apitoyer sur leur propre sort… en négligeant le sien. Si l'ado prend des risques inconsidérés, ce n'est pas pour nuire à ses parents. Il attaque ses liens de dépendance, revendique son autonomie, certes de manière inadaptée et disproportionnée, mais l'énergie qu'il met à se donner des frissons vise à se sentir distinct, singulier, *différent*. Le paradoxe, c'est qu'à son insu, plus il craint l'abandon parental, plus il est tenté de se faire peur pour dissimuler son anxiété. Romain, 17 ans, ne « dit » rien d'autre lorsqu'il justifie son sport favori – le skate sur les toits de Bordeaux : « J'ai besoin de me faire peur pour me sentir vivant, dit-il. Je sais que c'est chaud, mais l'adrénaline, ça booste… Et quand mes vidéos font un carton sur YouTube, je me sens populaire, ça rassure. Mes parents ne comprennent rien. On dirait qu'ils n'ont jamais fait de conneries dans leur jeunesse… » Pourquoi Romain doit-il prendre autant de risques pour exister ? En quoi est-il insuffisamment *reconnu* ? Quel sens métaphorique pourrait-on donner à ses évolutions en « altitude » ? Est-ce pour dépasser le sentiment de n'être jamais à la hauteur (des vues de ses parents, des siennes ou de celles des autres) ? Ou encore, a-t-il besoin de se sentir tout-puissant, à la mesure de l'impuissance qu'il ressent *ici-bas* et de la mésestime qu'il a de lui-même ? S'efforce-t-il de surfer sur la réalité de peur de l'affronter, au risque de tomber de haut ? C'est plutôt ce genre de questions que doivent se poser ses parents, en revisitant au passage leur propre adolescence, comme les y invite à sa façon ce jeune homme. N'oublions pas qu'à la crise d'ado, s'ajoute la crise des parents, la fameuse crise de la quarantaine : les premiers vrais signes de vieillissement, l'usure des couples, la peur de perdre son pouvoir de séduction… Certains parents en tirent une forme de deuil prématuré de toute prise de risque – qu'ils s'interdisent et, par voie de conséquence, contestent à leur ado. D'autres n'ont pas conscience qu'ils rejouent des plans d'une « deuxième jeunesse » en s'exposant eux-mêmes à divers dangers (le « démon de midi », entre autres), sans voir que l'ampleur de ce retour de flammes pourrait bien faire écho aux turbulences de leur propre adolescence. L'ado, à son insu, révèle ce qui couve chez ses parents. Il est aussi un miroir « grossissant » du dysfonctionnement familial.

Lorsque le dialogue et l'introspection ne suffisent plus, les parents doivent se tourner vers un tiers : quelqu'un de la famille, un ami, ou un thérapeute. En ayant à l'esprit, dans cette dernière option, que l'ado qui refuse de consulter teste la volonté de ses parents de s'impliquer et d'accepter d'aller régler le problème hors du cercle familial.

Une nécessaire prise de distance

Prendre du recul est souvent difficile, à chaud et à la maison, en pleine bataille rangée parents-ado, envenimée par la fratrie qui veut se rappeler aux bons souvenirs des protagonistes sur l'air du « Nous aussi, on existe ! ». La vie quotidienne peut être le théâtre de conflits incessants à propos des devoirs scolaires, des tâches ménagères, des sorties, des horaires de coucher et des abus d'écrans. « Trop les uns sur les autres, tout le temps, ça finit par être ingérable, reconnaît Géraldine, la mère de deux garçons de 16 et 14 ans. Eux n'arrêtent pas de se chamailler, leur petite sœur est interdite de séjour dans leurs chambres, et quand c'est le moment de passer à table le soir, on doit les sortir un par un de leur jeu vidéo... » Des temps de séparation sont alors indispensables. Les oncles, tantes, cousins, ainsi que les amis peuvent être mis à contribution, et c'est encore mieux s'ils ont aussi des enfants, au nom d'une règle que je formule en ces termes : « Échangeons régulièrement nos enfants pour la paix des familles ! » Pendant les vacances scolaires, l'ado tirera profit d'un séjour d'une semaine chez un oncle, où les règles de vie lui semblent plus tolérables à distance des parents... tandis que ces derniers pourront souffler un peu. *C'est toujours mieux ailleurs que chez soi*, c'est bien connu... Les échanges linguistiques avec un(e) correspondant(e) sont également profitables à tous. Et, pourquoi pas, un trimestre, un semestre ou toute une année scolaire à l'étranger, hébergé dans une famille d'accueil. En adoptant le mode de vie local, l'ado aura l'opportunité de découvrir la culture, le quotidien d'une famille aux us et coutumes différents, d'expérimenter un autre système scolaire et, bien sûr, d'approfondir la langue du pays d'accueil. Un tel défi est ainsi bénéfique à plus d'un titre. Comment mieux s'ouvrir au monde ?

L'internat est, enfin, une solution apaisante, lorsque les tensions familiales sont trop vives, ou que la scolarité bat de l'aile, à condition d'être librement consenti par l'ado en difficulté. La vie en groupe en compagnie de « semblables », un cadre d'évolution ferme mais cohérent, les règles établies par d'autres adultes que les parents, les horaires fixes pour les devoirs et la participation à des clubs d'activités sportives ou culturelles, sont autant de principes qui permettent généralement aux élèves décrocheurs de retrouver de la motivation pour les études. « J'en avais marre de me prendre la tête avec mon père, dit Héloïse, 16 ans. En vivant seule avec lui, j'avais l'impression d'être sa bonniche… C'est moi qui ai demandé à aller en internat. Au début, ça a été un peu dur… Six ou huit par chambre, des filles qui se connaissent déjà, douches et toilettes sans verrou, s'habituer à des horaires de "ouf", genre le dîner à 18 h 45, le portable ou l'ordi autorisé pendant deux heures, l'extinction des feux à 22 h 30… Mais je reconnais qu'au final ça m'a bien aidée de faire les devoirs en salle d'étude, et puis quand ils sont finis, basta, on passe à autre chose… Le club photo du lycée est carrément génial… Et quand je rentre chez moi le week-end, finies, les prises de tête avec mon père, j'ai le droit d'aller voir mes amis… Lui, je crois qu'il a fait une touche sur Meetic… Bref ça baigne… »

Conclusion

« Lâchez-nous… mais surtout ne nous laissez pas ! » Tel pourrait être le slogan des ados d'aujourd'hui. Ils réclament à cor et à cri que l'on cesse d'être *sur eux*, c'est-à-dire toujours en train de les surveiller ou de leur demander des comptes. De les bloquer, de les couver, de les assommer de recommandations qui négligent leurs vues et leurs projets… « Vous nous prenez la tête ! » disent-ils quand on les interroge à propos de ce qu'ils nous reprochent. Ils nous trouvent anxieux, timorés, trop méfiants, exagérément pessimistes. « Fais pas ci, fais pas ça » les insupporte, même s'ils comprennent bien que nous voulons les protéger des dangers qui les guettent en chemin, la nuit, en bonne ou mauvaise compagnie, exposés aux accidents de parcours, aux agressions, et aux MST[1]. Les seuls engagements que nous leur concédons sont liés à la réussite de la scolarité… et encore, nous ne pouvons nous empêcher de leur prodiguer force conseils pour infléchir leur orientation en fonction de nos choix.

1. Maladies sexuellement transmissibles.

Nous voulons les écarter des écueils jalonnant leur route, certes, mais nous noircissons aussi l'horizon en annonçant des lendemains qui déchantent. Les ados considèrent en effet que nous leur brossons de l'avenir un portrait particulièrement sombre, avec pour seules nuances de gris celles du chômage, de la guerre en tous genres, et de la pollution... Ont-ils tort ? C'est un fait que nous sommes préoccupés, et que nous avons de bonnes raisons de l'être. Mais n'avons-nous rien d'autre à transmettre que nos propres angoisses ? La peur se communique très bien toute seule, elle est « plus contagieuse que la peste » disait Gogol[1]. Ajoutons que c'est une émotion paralysante qui n'invite pas à s'ouvrir au monde. *Transmettre*, au sens fort, c'est au contraire *faire passer* des idées, des valeurs, des envies, etc. Il y a du mouvement vers l'autre, un déplacement, des perspectives : n'est-ce pas ce courant favorable que l'on est en droit d'espérer de la part d'ascendants envers leurs descendants ? C'est cela qui peut faire de nous de vrais garants, et non les censeurs chargés de couvrir l'avenir de nos enfants d'une illusoire assurance *tous risques*. Leur donner le goût de la découverte, au lieu de les dissuader d'aller de l'avant. Voilà ce qu'ils attendent de nous : l'ouverture d'esprit, l'incitation à entreprendre, l'encouragement à partir humer le vent du large... sans pour autant refuser d'en parler avec nous, ni négliger nos opinions (même s'ils affichent, par fierté, l'impression contraire), ou empêcher la circulation des idées – fût-elle agitée. La confrontation avec eux est certes fatigante, mais

1. Gogol N. (1842), *Les Âmes mortes*, préface de Vladimir Pozner, Paris, Gallimard, 1973.

elle est essentielle : ce que nous avons à apprendre à nos ados, de manière implicite, c'est que la vie nécessite de faire des compromis, de croiser les points de vue, pour tracer sa route. En filant une fois encore une métaphore marine, le navigateur qui veut connaître sa position précise, faire le point près des côtes rocheuses, doit prendre des repères fixes à terre (les *amers*), relever leur azimut et les reporter sur sa carte pour *se trouver* à l'intersection de leurs droites.

Les meilleurs choix résultent de compromis satisfaisants, ce qui repose – dans la relation parents-ado – sur les concessions mutuelles. Écouter l'autre, donner sa position, défendre son opinion, mais admettre la contradiction et accepter de changer d'avis… Les ados sont d'ailleurs toujours prêts à débattre, à *risquer* leur point de vue et à tester notre position, pourvu qu'on les respecte et qu'on reconnaisse leur juste situation. Les aider à s'ouvrir au monde, c'est finalement leur enseigner *l'art de la critique*, qui n'est ni le reproche ni la dévalorisation, mais plutôt l'entraînement à pouvoir décider en fonction d'arguments décisifs. Attention cependant, on l'a vu, à ne pas tout confondre. *Tout n'est pas discutable et négociable !* Les règles de vie qui valent dans les espaces d'évolution (domestiques ou institutionnels) sont édictées par les adultes qui ont en charge les adolescents, non le contraire. Et il n'est évidemment pas question de transiger avec les interdits auxquels les lois soumettent adultes et jeunes, ainsi que ceux qui concernent spécifiquement les mineurs. Les ados sont non seulement d'accord avec ces principes, mais ils ne manquent pas de souligner les injustices et incohérences parentales lorsque celles-ci les soumettent à des règles discriminatoires qui n'ont pas valeur de lois, voire qui les enfreignent. Il vaut mieux déclarer que la maison est un espace « sans tabac » – et ce, pour tout le monde – plutôt que de dire à l'adolescent : « Nous t'interdisons formellement d'y fumer. »

Les ados, on l'aura compris, attendent bien plus d'être *contenus* que d'être empêchés. Et ceux qui souffrent du flou rendant indistincts les contours de leur histoire, ceux qui cherchent désespérément à « se perdre » faute de pouvoir se trouver, ceux dont les troubles – le mot lui-même exhale la confusion – les font opter pour la fuite, l'évanouissement plutôt que d'avoir à affronter leurs démons intérieurs, ceux enfin qui suspendent leur destin à l'ordalie du « ça passe ou ça casse »… tous ceux-là n'ont qu'une attente secrète : celle d'être (enfin) reconnus, pris en considération et aidés à se sentir exister.

Table

DU MÊME AUTEUR

Dictionnaire de la folie. Les mille et un mots de la déraison, Paris, Albin Michel, 1995.

L'adolescent suicidaire, 1996, 3e éd. revue et augmentée, Paris, Dunod, 2005.

Quand l'adolescent va mal, Paris, Lattès, 1997 ; rééd. J'ai Lu no 7147.

Un coquelicot en enfer, roman, Paris, Lattès, 1998. Sélection officielle du Festival du 1er roman, Chambéry, 1998.

Ado à fleur de peau. Ce que révèle son apparence, Paris, Albin Michel, 2006.

Ados en vrille, mères en vrac, Paris, Albin Michel, 2010.

Nos ados.com en images. Comment les soigner, Paris, Odile Jacob, 2011.

Souffrances et violences à l'adolescence : Qu'en penser ? Que faire ? (avec P. Baudry, C. Blaya, M. Choquet et E. Debarbieux), Paris, ESF, 2000.

En ce moment, mon ado m'inquiète (avec L. Delpierre), Paris, Albin Michel, 2004.

Le mystère de l'anorexie (avec Jean-Philippe de Tonnac), Paris, Albin Michel, 2007.

L'adolescence scarifiée (avec Michaël Brun et Jean-Philippe Moutte), Paris, L'Harmattan, 2009.

CHEZ LE MÊME ÉDITEUR

Claude Allard, *L'enfant au siècle des images*

Sabine Belliard, *La couleur dans la peau. Ce que voit l'inconscient*

Annie Birraux, *L'adolescent face à son corps*
– et Didier Lauru (dir.), *Adolescence et prise de risques*
– *L'énigme du suicide à l'adolescence*
– *Le poids du corps à l'adolescence*

Gérard Bonnet, *Défi à la pudeur. Quand la pornographie devient l'initiation sexuelle des jeunes*

Élisabeth Brami et Patrick Delaroche, *Dolto, l'art d'être parents. L'éducation, la parole, les limites*

Jean-Pierre Cambefort, *Famille éclatée, enfants manipulés. L'aliénation parentale*

Nicole Catheline, *Harcèlements à l'école*

Pr Patrick Clervoy, *Le syndrome de Lazare. Traumatisme psychique et destinée*

Maurice Corcos, *L'homme selon le DSM. Le nouvel ordre psychiatrique*

Liliane Daligand, *La violence féminine*

Dominique-Alice Decelle, *Alzheimer. Le malade, sa famille et les soignants*

Patrick Delaroche, *La peur de guérir*
– *Psychanalyse du bonheur*

Pierre Delion, *Tout ne se joue pas avant 3 ans*
– *Écouter, soigner. La souffrance psychique de l'enfant*

Joëlle Desjardins-Simon et Sylvie Debras, *Les verrous inconscients de la fécondité*

Caroline Eliacheff, *La famille dans tous ses états*

– *Puis-je vous appeler Sigmund ?*
– et Nathalie Heinich, *Mères-filles, une relation à trois*
– et Daniel Soulez Larivière, *Le temps des victimes*

Mark Epstein, *Se libérer de la souffrance. Au-delà de nos peines quotidiennes*

Christian Flavigny, *Avis de tempête sur la famille*

Fernando Geberovich, *No satisfaction. Psychanalyse du toxicomane*

Dr Alain Gérard, *Du bon usage des psychotropes. Le médecin, le patient et les médicaments*
– et le CRED, *Dépression, la maladie du siècle*

Sylviane Giampino, *Les mères qui travaillent sont-elles coupables ?*
– et Catherine Vidal, *Nos enfants sous haute surveillance : évaluations, dépistages, médicaments...*

Claudia Gold, *À l'écoute des émotions de l'enfant. Chagrins, angoisses, colères et autres problèmes du quotidien*

Roland Gori et Pierre Le Coz, *L'empire des coachs, une nouvelle forme de contrôle social*

François Grosjean, *Vivre plusieurs langues. Le monde des bilingues*

Jean-Michel Hirt, *L'insolence de l'amour. Fictions de la vie sexuelle*

Philippe Hofman, *L'impossible séparation entre les jeunes adultes et leurs parents*
– *Le chien est une personne. Psychologie des relations entre l'humain et le chien*

Patrice Huerre et François Marty (dir.), *Alcool et adolescence, jeunes en quête d'ivresse*
– *Cannabis et adolescence. Les liaisons dangereuses*

Jean-Marie Jadin, *Côté divan, côté fauteuil. Le psychanalyste à l'œuvre*

Simon-Daniel Kipman, *L'oubli et ses vertus*

Didier Lauru, *De la haine de soi à la haine de l'autre*

Pierre Le Coz, *Le gouvernement des émotions et l'art de déjouer les manipulations*

Pr Daniel Marcelli, *La surprise, chatouille de l'âme*
– *L'enfant, chef de la famille. L'autorité de l'infantile*
– *Les yeux dans les yeux. L'énigme du regard*
– *Il est permis d'obéir. L'obéissance n'est pas la soumission*
– *Le règne de la séduction. Un pouvoir sans autorité*

Anne Marcovich, *Qui aura la garde des enfants ?*

Jean-Paul Mialet, *Sex æquo. Le quiproquo des sexes*

Gustave Pietropolli Charmet, *Arrogants et fragiles. Les adolescents d'aujourd'hui*

Laura Pigozzi, *Qui est la plus méchante du royaume ? Mère, fille et belle-fille dans la famille recomposée*

Jean-Jacques Rassial, *Pour en finir avec la guerre des psys*

Élise Ricadat et LydiaTaïeb, *Rien à me mettre ! Le vêtement, plaisir et supplice*

Renata Salecl, *La tyrannie du choix*

Serge Tisseron, *Comment Hitchcock m'a guéri. Que cherchons-nous dans les images ?*
– *Vérités et mensonges de nos émotions*
– *Virtuel, mon amour. Penser, aimer, souffrir à l'ère des nouvelles technologies*
– *L'empathie au cœur du jeu social*
– *Fragments d'une psychanalyse empathique*
– *Le jour où mon robot m'aimera*

Saverio Tomasella, *La folie cachée. Survivre auprès d'une personne invivable*

Jean-Philippe de Tonnac, *Anorexia. Enquête sur l'expérience de la faim*

Yvane Wiart, *L'attachement, un instinct oublié*

Jean-Pierre Winter, *Homoparenté*

Composition : IGS-CP
Impression : CPI Bussière en avril 2016
Éditions Albin Michel
22, rue Huyghens, 75014 Paris
www.albin-michel.fr

ISBN : 978-2-226-32497-9
N° d'édition : 19576/01 – N° d'impression : 2020721
Dépôt légal : mai 2016
Imprimé en France